KB104800

세금이란
무엇인가

세금이란
무엇인가

스티븐
스미스
지음

민주 시민이 알아야 할
세금의 기초

김공회
옮김

리시올

차례

감사의 말

이런 책을 쓸 때면 수많은 지적 부채를 지게 된다. 무엇보다도 재정연구소Institute for Fiscal Studies, IFS에서 함께 일했던 과거 동료들에게 얼마나 많은 빚을 지고 있는지 모른다. 특히 1985년에 내가 IFS에 합류했을 때 소장으로 있던 존 케이에게 감사드린다. 정책에 관심 있는 경제학도에게 IFS보다 더 자극이 될 만한 곳은 드물 것이다. 풍성한 연구, 자료, 증거가 정책에 관한 사색에 불을 밝혀 주는 곳이다.

특히 나는 멀리스 보고서The Mirrlees Review의 도움을 많이 받았다.* 이는 영국 조세 체계를 근본적으로 검

---

* '멀리스 보고서'란 2000년대 중반 영국 조세 제도의 현황과 향후 나아갈 방향을 연구하기 위해 구성된 연구 팀에서 발표한 일련의 보고서를 가리킨다. 본문에 언급된 대로 연구 결과는 『조세 설계의 차원들』(2010)과 『조세 설계』(2011)라는 두 권의 두툼한 책으로 출간되었으며, 후자는 국내에도 번역되었다(한국조세재정연구원 옮김, 시그마프레스, 2015). 스코틀랜드 출신으로 노벨경제학상 수상자(1996)이자 '최적 과세 이론'의 창시자인 제임스 멀리스(1936~2018)가 이 연구 팀을 이끌었다.

토하고자 한 시도로, IFS에 의해 시작되어 세계적인 연구자와 조세 정책가 다수가 여기에 참여했다. 이 작업의 결과로 공개된 보고서들—『조세 설계의 차원들』 *Dimensions of Tax Design*에 실린 배경 보고서와 멀리스 검토 팀의 최종 보고서인『조세 설계』*Tax By Design*—은 경제 이론과 실증 자료를 멋지게 종합해 조세 정책에 관한 권위 있는 매뉴얼을 제공해 주고 있다.

나는 파리 정치대학(시앙스포)에서 안식년을 보내는 동안 이 책을 집필했다. 안식년 기간을 지원해 주고 연구와 집필에 이상적인 기지를 제공해 준 것에 대해 내가 재직 중인 런던 유니버시티 칼리지와 시앙스포에 각각 감사드린다.

끝으로 편집을 맡아 준 옥스퍼드대학출판부의 앤드리아 키건과 에마 마, 제니 누지의 지원과 조언에 감사의 마음을 표하고 싶다.

머리말

조세taxation*는 근대 국가의 기능에 필요 불가결한 제도다. 조세 수입은 공공 서비스―도로, 사법 체계, 국방, 빈민과 노인에 대한 공공 부조―비용을, 그리고 많은 나라에서 공중 보건과 교육 비용의 상당 부분을 지불하는 데 사용된다. 경제협력개발기구OECD에 속한 선진국들을 살펴보면 2012년 미국의 경우 전체 국민소득의 4분의 1가량이, 유럽연합에 속한 OECD 회원국의 경우 국민소득의 5분의 2가량이 조세로 돌아갔다.

조세는 다양한 방식으로 개인에게 영향을 미친다. 소득과 소비에 붙는 세금은 납세자의 가처분 소득을 직접 줄어들게 만들고, 납세자들은 소득 신고나 세금 납부와 관련된 성가신 일들을 처리해야 하며, 이들은 세무 조사나 강제 집행의 가능성 때문에 노심초사할지도 모른다.

* 이 책에서 tax(es)/taxation은 문맥에 따라 조세 또는 세금으로 옮겼다. 몇몇 특수한 맥락에선(예: '세금'이 개별 세목을 가리킬 때) '조세'가 한층 추상적인 개념으로 쓰이기도 했지만, 이 책에서 둘은 대체로 완전히 같은 의미로 사용되고 있다.

또한 사람들은 조세의 충격을 줄이고자 다양하게 자기 행위를 조정하기도 한다. 비과세 저축 계좌에 자금을 넣어 두거나 세율이 낮은 나라로 쇼핑 여행을 가는 식으로 말이다.

그러니 조세가 정치와 공적 토론에서 중심적인 자리를 차지한대도 놀랄 일이 아니다. 정치인들은 세금과 관련된 무모한 공약을 남발하며, 당선된 뒤에는 과히 유쾌하지 않은 상황에 직면하곤 한다. 기업들은 일자리 창출과 경제 성장을 구실로 조세 감면 도입을 위해 로비를 벌인다. 조세, 특히 개별 세목에 어떤 태도를 보이느냐는 좌파와 우파 정치인을 구별하는 중요한 차이가 되기도 한다. 우파 정치인은 으레 감세를 옹호하고 소득보다는 소비에 세금 매기기를 좋아한다. 반면 좌파 정치인은 세금을 줄이기보다는 공공 서비스를 유지하는 데 관심이 많고, 소비세의 경우에도 그것이 가계 생계비에 미치는 영향을 강조하곤 한다.

조세 제도의 사악함과 부조리함은 디너 파티나 술집 대화의 단골 소재다. 아마도 살면서 조세나 조세 정책에 대한 견해를 한 번도 밝혀 보지 않은 사람은 거의 없을 것이다. 실제로 조세는 다른 어떤 원인으로도 발발하기 힘든 규모의 폭넓은 저항을 불러일으키곤 했다. 영국 당국이 부과한 세금에 저항하는 과정에서 미국의 독립이 시작된 일은 유명하다. '대표 없이 과세 없다'라는 슬로건은 독립의 대의를 선전했고, 보스턴 다과회 사건

Boston Tea Party[*]의 폭력 행동은 중요한 이정표가 되었다. 더 최근에는 영국에서 과세에 대한 대중적 반발이 두 차례의 시민 봉기로 이어진 바 있다. 지방정부의 인두세 도입에 항의한 1990년 봉기, 그리고 10년 뒤 자동차연료세 때문에 성난 트럭 운전사와 농부 등이 벌인 교통 봉쇄 운동이 그것이다.

이번 '아주 짤막한 소개'Very Short Introduction의 주제는 조세의 역할 및 다양한 세금의 본질과 효과를 제대로 이해하면 조세에 대한 공적 결정들도 보다 잘 내릴 수 있다는 것이다. 조세 정책은 정치적인 성격이 매우 강한 이슈지만, 세금은 시민과 경제에 실질적인 영향을 미치기 때문에 조세 정책을 만드는 사람들은 더 신중해질 필요가 있다. 조세 정책의 결정에 결부되는 제약과 이율배반적 면모에 대한 대중적 공감대가 넓어진다면, 조세 정책의 합리성이 제고될 뿐 아니라 궁극적으로는 우리의 공적 의사 결정도 한층 개선될 것이다.

* 1773년 말 당시 영국의 식민지였던 미국 보스턴항에서 미국인들이 영국에서 들어온 차가 든 상자를 바다에 던진 사건을 일컫는다. 이는 자신의 의사에 반하는 식민지에 영국이 과세를 강화하자 미국인이 항의한 것으로, 그 결과 영국의 식민지 억압이 강해지면서 향후 독립전쟁의 도화선이 되었다. 국내에서는 흔히 '보스턴 차 사건'으로 번역된다.

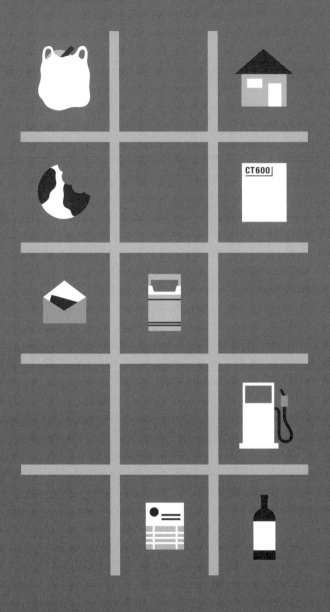

1장
왜 세금이 존재하는가

세입: 국가의 힘의 원천
키케로

조세는 뜻밖에도 대중 음악에 자주 등장하는 주제다. 긍정적으로 묘사되는 일은 거의 없지만 말이다. 1966년 곡 '택스맨'에서 비틀스는 틈만 나면 세금을 떼어 가는 것처럼 느껴지는 세상을 노래했다. 같은 해 비틀스의 동년배 밴드 킹크스도 '서니 애프터눈'이라는 싱글로 히트를 쳤는데, 이 노래에서 이들은 세무서 직원이 자기네를 빈털터리로 만들어 남은 거라곤 여름날 햇살이 드는 무료한 오후뿐이라고 한탄했다.

이렇게 세금이 대중 음악에 강력하게 존재감을 드러내는 까닭은 무엇일까? 답은 명확하지 않다. 성공적인 대중 음악가들이 자기 삶에서 가장 직접적이고 중요한 것들을 소재로 곡을 쓰기 때문인지도 모르겠다. 이들이 젊고 가난했을 때 그것은 사랑이나 불안, 그리고 어쩌면 마약이었으리라. 하지만 일단 명성과 부와 끝없는 순회 공연의 에스컬레이터 위에 서게 되면 이들에게 가장 직접적이고 중요한 것은 끊임없이 돌아다니는 삶의 고단

함, 이혼, 썩어 빠진 매니저······ 그리고 세금 명세서 아니었을까.

대중 음악 영역을 벗어나면 조세가 우리의 기록 및 시각 문화에 모습을 드러내는 일은 좀처럼 없다. 적지 않은 수의 시사 만화가 조세 문제를 다루는 것은 사실이다. 이들은 대중 음악 가사와 마찬가지로 유머보다는 독을 품고 있다. 20세기 초반에 영국 사회의 신랄한 관찰자였던 유명 시사 만화가 헨리 메이오 베이트먼은 말년의 상당 시간을 국세청과의 전쟁에 휘말려 보내면서 그 특유의 독설을 몇몇 감탄할 만한 만화로 표현하기도 했다. 그러나 세금은 문학 작품에 좀처럼 등장하지 않으며 시각 예술—시사 만화를 제외하면—에도 잘 나타나지 않는다.

이러한 공백과 대조적으로 세금은 우리 삶에서 그리고 사회의 구성에서 엄청난 역할을 수행한다. 서유럽의 대부분 나라와 마찬가지로 영국에서도 사람들이 버는 3파운드마다 1파운드 이상이 조세로 떨어져 나간다. 우리의 삶과 사회는 조세에 의존하는 여러 활동, 곧 공공 안전, 국방, 사법 체계, 도로, 학교, 공중 보건 등은 물론이고 문예 진흥을 위한 공공 기금에 의존하는 여러 활동과 얽혀 있다. 세금은 공적 토론이나 정치적 논쟁, 우리가 흔히 술집이나 택시에서 또는 동료나 친구와 나누는 대화에 매우 자주 등장하는 주제지만 신기할 정도로 눈에 띄지 않기도 한다. 어쩌면 우리는 세금이 우리 사회,

우리 삶, 우리 삶의 수준에서 행하는 근본적인 역할을 인정하고 싶지 않은―또는 완전히 이해하고 있지는 못하는―것인지도 모르겠다.

조세란 무엇인가

그렇다면 세금이란 무엇인가? 그렇다, 우리는 알고 있다. 세금이란 정부가 우리에게서 떼어 가는 돈이다. 세금은 우리가 다른 데 소비하는 돈과는 두 가지 점에서 다르다.

형식적으로 정의를 내려 보면 세금이란 국가가 집행하는 강제적 지불로서, 그 반대급부로 특정한 재화나 서비스에 대한 어떤 직접적인 청구권도 부여하지 않는다. 이 정의의 뒷부분이 중요하다. 바로 이런 의미에서 세금이 국가나 국영 기업이 판매하는 재화와 서비스에 부과되는 가격, 수수료, 요금 등과 구별되기 때문이다. 가격, 수수료, 요금 등도 공적 수입을 낳기는 한다. 하지만 돈의 지불에 대한 반대급부로 무엇인가가 주어진다는 사실은 그런 지불이 자발적일 수도 있음을 의미한다. 해당 재화나 서비스를 원하는 사람은 돈을 지불할 것이며 그가 자기 돈을 다른 목적에 쓰고자 한다면 그렇게 하면 된다. 민간 부문과 다를 바가 없다. 이와 반대로 조세에는 강제성이 개입하며, 이 점이 조세를 오늘날 민주주의 하에서 이루어지는 다른 대부분의 행위와 본질적으로 구별 짓는다. 조세에 대한 대중의 반감은 상당 정도 이러한 강제성에서 유래하는 게 틀림없다.

현대 조세 체계에서 조세의 중요한 특징 중 하나는 조세가 [자의적이지 않고] '규정적'이라는 것이다. 달리 말해 조세는 개인의 세 부담액이 산출될 기반을 사전에 정의하는 법률에 지배받는다. 보통 그러한 법률은 과세 기반*—즉 소득, 소비, 자산 가치 등 경제 활동 중 세금이 부과될 대상—을 정의한 뒤, 개인의 세 부담이 산출되는 방식을 명확하고 예측 가능하게 명시한다. 하지만 이것이 언제나 조세의 특징이었던 것은 아니다. 과거에 세금은 많은 경우 명확하고 안정적인 원칙에 입각하기보다는 자의적으로 매겨졌다. 이런 종류의 경제적 징발이 일회성이라면, 몰수되는 자원 때문에 납세자가 겪을 상실과는 별개로 그로부터 초래될 경제적 손실은 대수롭지 않을 것이다. 그러나 그런 몰수가 정기적으로 이루어지면 경제 활동에 끔찍한 영향을 미칠 수 있다. 열심히 사업을 벌여 봐야 뜯기기만 할 뿐이므로 뭘 해도 소용없다고 사람들이 믿기 시작하면 말이다. 또한 자의적 과세—조세 부담이 어떻게 계산될지를 명확히 규정하는 법적 틀에 지배받지 않는 과세—의 결과 부패가 만연해질 수도 있다.

* 「용어 설명」의 '과세 기반' 항목을 참고할 것.

조세는 현대에 와서 생긴 현상이 아니다. 세금은 역사가 기록되기 시작할 때부터 존재했던 것으로 보인다. 기원전 3300년경 남부 메소포타미아(현재의 이라크)의 수메르에서 쐐기문자로 기록된 진흙판과 같이 현존하는 최고最古 문서들은 세금 장부였다. 고대 수메르의 도시 국가에서 사회 조직의 핵심이었던 사원이 거두어들인 금, 가축, 노예의 목록 말이다. 세금 납부를 기록할 필요성이야말로 문자화된 기록을 발전시켜야 할 최초의 이유 중 하나였으리라. 그러니 조세가 쓰기의 발달에 한몫했다고 말해도 좋을 것이다.

메소포타미아, 고대 그리스, 그 외 다른 곳에서 최초의 세금은 곡물이나 여타 생산물의 일부 또는 십일조 같은 형태, 그리고 군역이나 건설 프로젝트에 대한 부역처럼 노동을 제공할 의무라는 형태를 취했다. 돈(통화)은 한참 뒤에나 등장하므로 세금은 현물로 납부되었다. 세금 징수는 정부의 주요 활동으로 자리 잡았는데, 이를 위해 납기일이 돌아온 세금의 납부를 평가하고 집행할 상당 규모의 관료 조직이 필요해졌다. 고대 메소포타미아에는 가장 두려워해야 할 사람은 세금 징수원이라는 속담이 있을 정도였다.

고대 그리스와 로마에서도 조세의 큰 부분은 여전히 현물 형태를 띠었지만 보다 근대적인 형태의 세금 역시 등장하고 있었다. 재화를 해외에서 수입하거나 토지와 노예를 매매하는 등의 특정한 거래에서는 현금 형태의 세금이 매겨지기도 했던 것이다. 로마 공화정 시기에는 푸블리카니publicani라 불리는 세금 징수원 제도가 널리 쓰였다. 일정 기간 동안의 징세권이 이들에게 경매로 넘겨졌으며, 덕분에 공화국은 안정적인 세입을 보장받으면서도 세금 징수라는 성가신 일을 징수원 손에 맡길 수 있었다. 이 시기 기록을 보면 이것이 일반 납세자에게 가혹한 압박을 가하는 한편 많은 푸블리카니가 엄청나게 축재할 수 있게 한 부패하고 자의적인 시스템이었다는 증거가 많다(<그림 1>).

기원전 1세기 말엽 로마 황제 아우구스투스는 조세 체계의 과감한 탈바꿈을 단행한다. 기존의 세금들을 정액의 재산세와 지역 단위의 인두세로 대체한 것이다. 이러한 세제를 시행하기 위해 수행된 인구 조사는 「누가복음」 서두 덕분에 우리에게 익숙하다. "그 무렵 온 세상이 세금 매겨져야 한다는 아우구스투스 황제의 칙령이 내려왔다.……그래서 모두 세금을 내러 저마다 자기 본향으로 갔다"(「누가복음」 2장 1, 3절). 마찬가지로 상세한 토지등록제가 시행되어 토지의 소유권과 잠재적 생산력을 기록하게 되었다. 푸블리카니가 아니라 시 당국이 징세에서 일차적인 역할을 맡았고, 이렇게 한층 더 예측 가능하고 원칙에 기반을 둔 조세 체제는 한동안 로마가 성장하고 번영하는 데 촉매제가 되었다.

<그림 1> 세금이 납부되는 모습을 보여 주는 갈로로만 시대의 조각, 서기 1세기(프랑스, 생트).

이후 로마제국이 쇠퇴하고 몰락하는 과정에서 조세가 수행한 역할은 논란거리다. 오랜 기간에 걸쳐 로마제국의 재정 건전성은 침식되었다. 주요 세원이었던 지역들(<그림 1>)이 막대한 재정 수입을 제국의 중심으로 전송하지 못하는—또는 그럴 의향이 없는—와중에, 로마제국은 치솟는 군비와 곤두박질치는 조세 수입 사이에서 옴짝달싹 못 하는 처지가 되었다. 서기 3세기에 이르면 사람들이 직업이나 토지 때문에 지게 된 조세 의무에서 벗어나지 못하도록 하기 위해 개인의 지리적·사회적 이동성을 제한할 필요가 생겼다. 세수를 늘릴 목적으로 취해진 조치들은 제국의 징세 능력을 더욱 약화시켜

1장 왜 세금이 존재하는가

경제적 몰락을 재촉했음에 틀림없다.

세기를 거듭하며 세금은 부침을 겪었다. 로마제국이 몰락한 뒤 수 세기 동안 서유럽은 더 초보적인 세입 창출 시스템─십일조 및 봉건제 아래서의 강제 노역─으로 후퇴했으며, 이는 경제의 성장과 정부의 효율화를 억제했다. 전쟁이나 기타 사업에 자금을 대기 위해 수입이 필요해지면 군주들은 어김없이 무겁고 자의적인 과세를 단행하곤 했지만, 근대적 형태의 세금들─거래나 재산에 근거한 안정적이고 일관된 과세─도 서서히 다시 나타나기 시작했다. 근대 초 유럽에서 사회경제적 변화들은 자의적인 과세를 중단해야 한다는 압박을 가했고, 여러 유럽 나라에서 발발한 대중 반란은 군주들이 마음대로 과세할 권한을 제한하기 시작했다. 조세 정책에서 민주적 정당성이 형성되기 시작한 것이다.

19~20세기의 급속한 산업화와 민주화는 조세의 복잡성 증대, 그리고 모든 산업국에서 조세 수입 규모의 극적인 증대와 더불어 이루어졌다. 19세기 말엽 영국과 프랑스 모두에서 조세 수입은 국민소득의 10%에도 못 미쳤고, 미국에서는 7% 정도였다. 20세기를 거치면서 이들 각국에서 공공 부문과 조세 부담이 현저하게 커져 전체 경제 활동에서 조세의 몫이 줄잡아 네 배가량 증가했다. 두 번의 세계대전은 정부와 조세 규모 성장에 중요한 자극제를 제공했다고 여겨진다. 이를테면 영국에서 두 세계대전은 각각 조세 수준을 국민소득 대비 10% 정

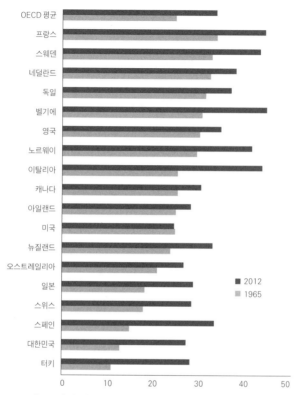

<그림 2> 몇몇 나라의 조세 수준 국제 비교(GDP 대비 총조세 수입 백분율).

주의: 여기서 나라들은 1965년의 GDP 대비 조세액 백분율 순서대로 배열되어 있음.

도씩 상승시키는 영속적 도약을 수반했다.

<그림 2>는 1965~2012년 여러 산업국에서 국내총생산GDP 대비 전체 조세 수준(총생산에 대한 백분율로 나타낸)이 증대했음을 보여 준다. 약 50년에 걸친 이 기간

동안 각국은 정부 지출과 조세 증가 규모에서 상이한 경험을 했다. OECD 전체를 보면 1965년에 GDP의 25%였던 조세의 비중이 2012년에는 9%포인트 상승해 34%에 달했다. 영국에서의 상승폭은 그 절반에 그쳤다. 2012년 영국의 총조세 부담은 35%로 OECD 평균에 매우 근접해 있는데, 이는 50년 전에 평균보다 현저히 높았던 것과 대조된다. 미국에서는 이 기간 동안 GDP 대비 조세 규모가 전혀 증가하지 않아 2012년 기준 GDP 대비 조세가 그림에 나온 나라 중에서 최저 수준이었다. 이와 대조적으로 몇몇 유럽 나라에서는 공공 지출과 조세가 매우 가파르게 증가했다. 2012년에 프랑스의 조세 수준은 GDP의 45%에 달했는데, 이는 50년 전에 비해 11%포인트 증가한 것이다. 이탈리아와 스페인은 20%포인트 가까이 증가했다. 공공 지출과 조세의 규모가 가장 높은 나라는 거의 모두 유럽국이다. 미국을 비롯해 일본, 한국, 오스트레일리아의 조세는 GDP의 30%가 못 된다.

조세와 정부의 성장

정부 지출과 조세의 규모가 이렇게 커진 것이 바람직한가? 여러분은 이에 대해 다양한 견해를 가지고 있을 것이다. 결국 모든 정치적 논쟁과 논란의 중심에는 정부의 적절한 역할이 무엇이냐는 문제가 자리 잡고 있다. 이 작은 책에서 그처럼 근본적이고 복잡한 문제를 논할 수는 없다. 하지만 조세 체계의 효율적이고 공정한 설계와 효과적인 작동에 대해서는—그에 수반되는 조세 수입의 규모는 별도로 하고—생각해 볼 수 있겠다. 개별 세목稅目의 특징, 각 세목이 낳는 경제적 결과, [실질적인 세 부담과 구별되는] 세금 납부의 배분, 그 효율적 작동 같은 주제들은 실제 현실에서 조세 제도가 굴러가는 모습을 분석하고 그로부터 증거를 취해 객관적으로 논의할 수 있는 사항이다. 물론 나라마다 정부의 규모가 다르고 각국에서 작용하는 정치적 압력과 국가의 역할에 관한 철학적 기반도 다를 것이다. 그렇다고 해도 여러 나라의 경험에서 많은 것을 배울 수 있다는 것이 내 생각이다.

모든 사람이 이런 생각을 공유하지는 않을 것이다. 하지만 조세를 통한 재원 조달을 필요로 하는 일련의 정부 기능—개별적으로 요금을 물리는 것이 불가능한 국방이나 가로등 같은 집단적 또는 '공적' 재화의 공급—이 있다는 사실에는 분명 정치적 입장을 막론하고 폭넓은 동의가 존재한다. 정부는 이런 재화와 서비스를 공급하기 위해 필요하며, 세금은 거기에 자금을 대기 위해 필요하다. 다른 한편 최근 수십 년 동안 정부가 팽창한 현상은 상당 부분 정부의 재분배 기능이 눈부시게 커졌다는 사실을 반영한다. 많은 나라, 특히 유럽에서 '복지국가' 지출이 증가해 빈민, 장애인, 병자, 노인 등에게 서비스와 소득을 제공할 수 있었다. 어떤 이들은 급속한 경제 성장기에 이루어진 조세 수입 증가 때문에 공공재의 공급—오직 조세를 통해서만 재원 조달이 가능한—을 확대할 필요가 없는 곳에서까지 정부가 성장했다고 주장할지도 모른다. 즉 정부가 팽창해 경제의 가용 자원을 흡수함으로써 '리바이어던'*이 되었다는 것이다.

이런 견해를 취하는 사람이 내놓는 조세에 대한 철학이나 조세 정책은 분명 나와 다를 것이다. 세금 징수의 효율성을 옹호하는 사람은 공정성과 효율성을 기준으로 징세가 이루어지면서도 경제 활동의 교란과 납세자의 저항을 최소화하게끔 세제를 개혁하고 싶을 것이다. 그러나 효율적 조세 체계가 정부의 과잉 성장을 초래할 것을 우려하는 사람에게 그러한 조세 개혁은 달갑지 않은 것, 즉 정부가 입을 더 크게 벌리도록 만드는 것으로 비칠 수 있다. 이 후자의 견해—경제학 문헌에서는 예컨대 제프리 브레넌과 제임스 M. 뷰캐넌이 대표적이다—는 조세 정책에서 매우 다른 우선순위를 두게 되는데, 그 지지자들은 효율성을 덜 강조하고 정부의 징세 능력에 대한 정치적·헌법적 제한을 강화하는 개혁에 더 관심을 둘 것이다.

---

* 흔히 리바이어던(또는 '레비아탄')은 개인의 삶을 통제할 수 있는 막강한 권력과 자원을 가진 국가를 가리킨다. 이 용법은 영국의 정치철학자 토머스 홉스(1588~1679)의 주저 『리바이어던: 교회 국가 및 시민 국가의 재료와 형태 및 권력』(1651)에서 유래한다. 원래 리바이어던은 유대인 전설에 나오는 사나운 바다 괴물의 이름으로, 『구약성서』의 「욥기」에도 등장한다.

2장
조세의 구조

행복한 가정은 서로 닮았지만,
불행한 가정은 저마다의 이유로 불행하다.
레프 톨스토이, 『안나 카레니나』

각국의 조세 체계는 천차만별이다. 거의 모든 나라가 개인소득세, 판매세, 법인소득세 등 몇 가지 공통 세목을 가지고 있으며, 이들은 제각기 상당 규모의 조세 수입을 낳는다. 그러나 이와 같은 폭넓은 유사성 이면에는 주요 세목 각각에서의 과세 대상('과세 표준'), 세율, 과세의 법적·실행적 측면 등에서 커다란 차이가 놓여 있다. 덧붙여 대부분의 조세 체계가 전체 세수의 대부분을 위와 같은 주요 세목에 의존하고 있는 실정이기는 하나, 많은 나라가 작지만 무시할 수 없는 다양한 세목―오래된 것도 있고 신설된 것도 있다―을 가지고 있다.

각국의 현행 조세 체계는 오랜 진화 과정의 결과물이다. 세금은 일단 도입되면 정치적 압력, 세수 수요, 현실에서의 작동 경험에 반응해, 그리고 매우 드물게는 근본적인 검토와 현대화 노력을 통해 수정된다. 낡은 세목들은 같은 규모의 세수를 보다 싸고 효율적으로 거두어들일 수 있는 현대적인 조세 장치가 있는데도 순전히 조세 개혁에 따른 정치적 위험 때문에 살아남는 경향이 있다. 새로운 세목들은 명확한 구상과 합리적으로 정의된 근거에 따라 도입되기도 하지만, 시간이 흐르면서 온갖 기괴함과 복잡함으로 덧칠되기 일쑤다. 그 결과 각국의 조세 체계는 톨스토이의 불행한 가정처럼 불행으로 나아가는 각자의 길로 들어서곤 한다.

조세의 구조

<그림 3>은 OECD 회원국의 전반적인 조세 체계를 보여 준다. 이를 조세 체계 논의의 참조점으로 삼을 수 있다. OECD는 발전된 시장 경제를 가진 34개국의 모임으로, 미국, 캐나다, 일본, 한국과 대부분의 유럽연합 회원국을 포함한다.* <그림 3>은 자료를 구할 수 있는 가장 최근인 2011년과 그와 직접 비교할 수 있는 첫 해인 1965년의 수치를 담고 있다.

그림에서 나타나듯 OECD 회원국에서 총세수의 평균 4분의 1 정도가 개인소득세로 충당된다. 이 세금은 보통 피고용인과 자영업자의 개인소득에, 그리고 많은 나라에서 금융 투자로 벌어들인 개인소득에도 매겨진다. 그다음 4분의 1은 사회보장기여금이라는 명목의 세

* 이 책이 출간된 뒤 라트비아(2016)와 리투아니아(2018), 콜롬비아(2020)가 가입해 2020년 현재 OECD 가입국은 37개국이다.

	1965	2011
개인소득세	26.2	24.1
사회보장기여금	17.6	26.2
기타 급여세	1.0	1.1
일반판매세	11.9	20.4
물품세	24.3	10.7
법인소득세	8.8	8.7
재산세	7.9	5.4
기타 세금	2.3	3.4
합계	100	100

<그림 3> OECD 나라들의 조세 구조, 1965년과 2011년(총조세 수입 대비 백분율).

금으로 충당된다. 대부분 나라에서 이 기여금은 피고용인 소득에 매겨지지만, 적지 않은 경우에 급여세의 형태로, 즉 직원들의 임금 총액에 의거해 기업에 매겨지기도 한다. 세수의 30%가량은 이러저러한 판매세로 걷힌다. 여기에는 부가가치세 같은 일반판매세,** 그리고 많은 나라에서 자동차 연료, 담배, 주류 판매에 부과되는 물품세***가 포함된다. 법인소득에 대한 세금은 평균적으로 총세수의 10분의 1에 못 미치는 수준이며, 토지나 건물 같은 재산의 가치에 붙는 세금은 전체의 5% 정도다.

** 「용어 설명」의 '(소매)판매세' 항목을 참고할 것.
*** 「용어 설명」의 '물품세' 항목을 참고할 것.

2장 조세의 구조

이와 같은 세목별 세수 기여 패턴 가운데 몇 가지는 지난 반세기 동안 꽤 안정적으로 유지되었다. 개인소득세 비중이 그렇다. 이에 비해 사회보장세*의 비중은 1960년대 중반 이후 증가해 왔으며 재산세 비중은 줄어들었다. 지난 50년 사이 가장 극적인 변화를 보인 것은 판매세다. 이 기간 동안 일반판매세의 비중은 두 배가 된 반면, 전체 세수 구조에서 물품세의 비중은 1965년 4분의 1에서 현재 10분의 1로 급격히 낮아졌다.

그러나 지난 50년 사이 OECD 나라들의 조세에서 나타난 가장 두드러지는 변화는 세목별 패턴에서 벌어진 것이 아니다. 가장 큰 변화는 절대액(인플레이션 조정을 거친 뒤의 실질값)으로는 물론이고 국민소득 대비 상대액으로도 조세 규모가 엄청나게 증가했다는 사실이다. 평균적으로 2011년 OECD 회원국에서 세금으로 걷힌 총수입은 인구 1인당 미화로 약 1만 4,500달러였고, 이는 국내총생산의 34%에 해당했다. 1965년에는 25.4%였고, 당시 국내총생산 값 자체도 훨씬 작았다. 1965년에 1인당 세액은 요새 물가로 치면 3,600달러 수준으로, 오늘날의 4분의 1에 불과했다. 실질 소득과 소비가 증가함에 따라, 세율이 높아짐에 따라, 그리고 각국이 부가가치세 같은 새롭고 강력한 징세 수단을 도입함에 따라 지난 50년간 조세의 규모도 실질 기준으로 크게 증가했다.

* 「용어 설명」의 '사회보장기여금' 항목을 참고할 것.

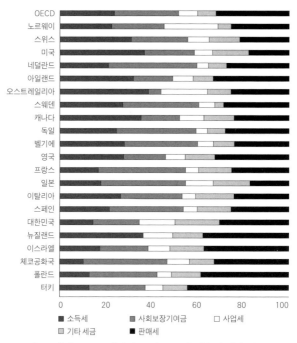

<그림 4> 몇몇 OECD 나라의 조세 구조(총세수에 대한 백분율).

주의: 여기서 나라들은 구매력평가지수PPP로 조정한 1인당 GDP가 높은 순으로 배열되어 있음(즉 '부유한' 나라가 먼저 나옴).

나라 간 비교

<그림 4>는 산업국들 간의 조세 구조에 엄청난 차이가 있음을 보여 준다. 이들 나라는 각각의 세목에 대해 상이한 정책적 선택을 해 왔다. 예컨대 프랑스는 영국보다 소득세 비중이 훨씬 낮은 반면 사회보장세(아픈 사람이

2장 조세의 구조

나 나이 든 사람을 위한 사회보험에 비용을 대는 데 쓰이도록 정의된 목적세) 수준은 훨씬 높다. 미국은 판매세를 OECD 평균보다 훨씬 덜 활용하는 반면, 몇몇 나라에서는 판매세가 세수의 40% 가까이 차지하기도 한다.

나라 간 차이를 이해하기가 쉽지만은 않다. 무엇이 세목들의 패턴을 결정하느냐는 문제는 비교적 연구가 덜 된 분야며, 한 나라가 특정 세목에 더 많이 의존하고 다른 세목에는 덜 의존하는 이유에 대한 완전히 확정적인 설명을 찾는 것은 어려운 일이다. 나라 간에 나타나는 몇 가지 차이는 의심의 여지 없이 역사의 영향을 반영한다. 예컨대 조세 구조의 몇몇 측면은 장기간에 걸쳐 꾸준히 유지되며, 특정 행위에 대한 조세 특례는 보통 법제화하기보다 폐지하기가 어렵다. 이에 더해 많은 나라에서 조세 정책의 결정은 극도로 정치적인 사안이라 쉽게 [이해관계자들의] 로비와 공적 토론의 대상이 된다는 것도 특기할 점이다. 그리하여 정치 과정상의 차이도 나라 간 조세 체계 차이를 얼마간 설명해 줄 수 있다.

조세 구조가 나라마다 천차만별이라고는 해도, 나라 간 비교를 통해 조세 정책과 조세 개혁을 어느 정도는 유의미하게 논의해 볼 수 있다. 세수를 거두어들이는 데는 다양한 방식이 있을 수 있고, 여기서 중요한 질문은 어떻게 하면 정부의 세입 수요를 가장 잘 충족시킬 수 있겠는가 하는 것이다.

<그림 5> 소득세를 내기 위해 줄 선 사람들. 1915년 뉴욕. 20세기 전반기에 대부분의 산업국에서 소득세가 포괄하는 범위와 소득 세수가 크게 증가했다.

소득에 대한 세금

소득세는 조세 체계에서 가장 두드러진 요소로, OECD 회원국에서 걷히는 총조세의 4분의 1가량을 차지한다.

이러한 존재감에 비추어 보면 소득세가 근대 조세 체계의 발달사에서 뒤늦게 출현했다는 사실이 놀라울지도 모르겠다(<그림 5>). 영국에서 최초의 소득세는 18세기 후반 나폴레옹 전쟁에 돈을 댈 목적으로 잠깐 시행되었다가 곧바로 폐지되었다. 그 뒤 1842년에 재도입되었으나 정부 수입의 주요하고 안정적인 원천으로 자리 잡

2장 조세의 구조

기까지는 상당한 시간이 걸렸다.

소득세는 과세 기반이 정의되는 방식과 세율이 적용되는 방식 면에서 나라마다 커다란 차이를 보인다.

대부분 나라에서 개인소득세의 과세 기반은 피고용인의 임금과 급여로 이루어져 있으며, 거기에 더해 주택이나 다른 재산에서 나오는 임대 소득, 저축과 투자로취하는 이자 및 배당 소득, 그리고 종종 연금과 국가로부터 받는 복지 급여 등의 소득이 포함된다. 또한 개인소득세는 대체로 자영업자의 소득에도 적용되는데, 보통 자영업자의 사업 비용을 공제한 순 소득에 매겨진다.

이러한 핵심적인 측면상의 공통점을 넘어서면 균질성이 줄어든다. 어떤 나라들은 화폐 소득에만 세금을 매기는 반면, 다른 나라들은 '현물 소득'—이를테면 고용주가 피고용인에게 지급하는 건강보험, 회사 차량, 식권, 기숙사 등과 같은 혜택—에도 소득세를 적용한다.

어떤 나라에서는 과세 대상 소득에 광범위한 공제를허용한다.* 모기지 또는 기타 대부에 지불되는 이자, 피고용인이 일 때문에 도구나 의복에 지출하는 비용, 통근비용, 연금 기여금, 건강보험 구매를 위한 지출 등이 대표적인 예다.

결혼한 커플의 소득을 취급하는 방식도 나라마다 다르다. 어떤 나라들은 합산 과세 체제를 택하는데, 이 경

---

* 148쪽 이하를 참고하라.

우 부부의 소득이 합산되어 하나의 단위로 과세된다. 과거 영국이 그랬다. 영국의 조세 체계에서는 결혼한 여성의 소득이 비교적 최근까지도 남편의 재산으로 취급되었던 것이다. 그러다 분리 과세 체계로 전환한 것이 1990년이었으며 이제 소득세는 개인 단위로 매겨지고 부부는 결혼하지 않은 개인이었을 때와 똑같은 세금을 낸다.

일단 과세 기반이 정의되면 소득세액이 산정될 수 있다. 소득세가 납세자의 소득에 단순 비례하는 경우, 즉 단일한 세율이 모든 납세자 소득에 적용되는 경우는 흔하지 않다. 보통은 소득 구간(영어로는 tax band, tax bracket, slab, tranch 등으로 불린다)별로 상이한 세율이 적용된다.

많은 나라에서 첫째 구간의 소득에는 세금이 붙지 않는다. 예컨대 영국에서 개인 납세자의 소득은 연간 1만 파운드까지 과세에서 면제되기 때문에 한 해에 이보다 적게 버는 납세자는 소득세를 전혀 내지 않는다. 이 한도액을 넘는 소득에 소득세가 부과되며, 영국에서는 20%의 '기본 세율'이 적용된다. 그 결과 최초 공제 한도액을 넘는 구간에서 납세자의 소득이 증가함에 따라 세금 납부액도 늘지만, 실제 세금으로 납부되는 소득의 비율은 세율[20%]에 미치지 못하게 된다. 예컨대 소득이 1만 1,000파운드인 납세자는 첫 1만 파운드에는 세금을 내지 않고 나머지 1,000파운드에 대해 20%의 세금을 낸다. 그래서 그가 내는 총소득세액은 200파운드가 되는데, 이는 그가 버는 총소득의 1.8%다. 소득이 1만 5,000파운드인 납세자는 1,000파운드, 즉 총소득의 6.7%를 세금으로 낼 것이고, 3만 파운드를 버는 납세자는 4,000파운드, 즉 총소득의 13.3%를 세금으로 내게 된다.

이 예는 조세 부담의 분배 및 세금의 경제적 효과를 이해하는 데 핵심적인 두 개념의 차이를 잘 보여 준다. 그 두 개념이란 평균 세율과 한계 세율이다. 평균 세율은 조세 부담 분배의 공정성과 형평성의 문제를 따질 때 중요한 개념이고, 한계 세율은 조세의 경제적 효과를 주로 추동한다.

평균 세율이란 총세액을 과세 표준*으로 나눈 값이다. 위에서 예시한 영국의 경우 평균 세율은 소득액 1만 파운드까지는 0이었다가 이후 꾸준히 증가해 소득이 3만 파운드에 이르면 13.3%가 된다.

한계 세율이란 추가적인 소득에 붙는 추가적인 세금을 가리킨다. 즉 납세자가 일정 소득에 더해 1파운드, 1달러, 1유로 등의 소득을 더 거둘 때 내게 되는 추가적인 세금이다. 위 영국의 예에서 연간 면세 한도액인 1만 파운드 이상의 소득에 대해서는 20%의 한계 세율이 적용되는 셈이다.

영국의 기본 세율 20%가 공제 한도액 이상의 모든 소

---

* 「용어 설명」의 '과세 기반' 항목을 참고할 것.

득에 똑같이 적용된다면, 매우 높은 소득에는 평균 세율이 20%에 근접할 것이다. 그러나 실제로는 다른 대부분의 나라와 마찬가지로 영국도 소득 구간이 높아질수록 더 높은 한계 세율을 적용한다. 그래서 연 소득이 4만 3,000파운드 정도 되면 납세자는 추가적으로 버는 소득에 대해 40%의 높은 한계 소득세율에 직면하게 되며, 연 소득이 15만 파운드를 넘어서면 더 높은 한계 세율(45%)이 나타난다.

정치적 토론이나 언론 기사에서는 최고 소득세율, 그러니까 가장 높은 한계 세율에 많은 관심을 쏟는다. 이 세율은 대개 가장 높은 소득 구간에 매겨지는데, 나중에 살펴보겠지만 가난한 가구도 종종 결과적으로 매우 높은 소득세율에 직면할 수 있다.

그런데 소득세가 근로소득에 매겨지는 유일한 세금인 경우는 드물다. 많은 나라가 사회보험 체계, 즉 실업보험과 질병보험, 공적 연금, 그리고 어떤 경우에는 공공 의료 체계를 유지하기 위해 추가적인 소득세를 부과한다. 일례로 영국에서는 '국민보험기여금'National Insurance Contributions, NICs 체계를 통해 면세점을 상회하는 근로소득 부분에 대해 20% 넘게 추가 세금이 부과된다. 이 중 절반가량은 피고용인이 내는데, 보통의 소득세와 마찬가지로 납부는 원천공제 체계를 통해 고용주가 직접 한다. 나머지는 고용주에게 부과되는데, 역시 그 액수는 피고용인에게 지급하는 임금과 급여의 금액에 의거해 결정된다. 어떤 나라들에서는 이러한 사회보장기여금을 더 많이 걷기도 한다. 예컨대 프랑스에서 사회보장기여금은 소득세에 비해 두 배가량의 세수를 낳으며, 그중 대부분은 고용주가 부담한다.

　3장에서 다루겠지만 이렇게 사회보장기여금을 고용주와 피고용인에게 나누어 부과하는 것은 경제적으로 별 의미가 없다. 두 부분 모두 결국에는 근로소득에 대한 세금이나 마찬가지고, 그 경제적 영향이라는 것도 소득세와 별반 다르지 않다. 사회보장기여금과 소득세 사이에 차이가 발생할 수 있는 유일한 경우는 피고용인이 자신이 납부한 액수에 비례해 어떤 혜택을 돌려받을 때일 것이다. 하지만 많은 사회보장 체계가 보험과 같은 방식, 곧 개인의 기여금에 해당하는 혜택만을 청구할 권리를 부여하는 방식으로 시작되었다고는 해도, 사회보장 체계가 오늘날까지 그런 식으로 남아 있는 나라는 거의 없다. 대부분 나라의 사회보장 체계는 제2의 소득세 체계라고 보는 것이 적절하다. 영국에서 그러한 세금을 '기여금'이라고 표현하는 것이 한동안 오해를 불러일으켰고, 분명 이런 표현은 실제 현실과 배치된다.

소비에 대한 세금

많은 나라에서 소비에 대한 세금*이라고 하면 거의 모든 소비 지출 항목을 망라하는 일반적이고 넓은 기반 위에 정의된 하나의 세금, 그리고 자동차 연료, 자동차, 주류, 담배 같은 특정한 개별 소비 범주에 붙는 가산세나 물품세[개별소비세]가 포함된다.

거의 모든 OECD 나라에서 소비세는 보통 부가가치세Value Added Tax, VAT 형태를 띤다. 부가가치세는 1950년대에 프랑스에서 도입된 뒤 1960년대에는 유럽공동체European Community, EC 회원국들에도 채용되었다. 이는 현대 조세 정책에서 가장 빛나는 성공 스토리 중 하나로, 지금은 이러저러한 형태로 OECD의 모든 주요국(미국만 예외)과 많은 발전도상국에서 채택하고 있다.

부가가치세는 모든 산업에서 대부분의 재화와 서비스 판매액에 일정 비율로 부과된다. 몇몇 나라에서는 작은 업체에 부가가치세를 면제해 주기도 하는데, 이는 수많은 소규모 기업에게서 소액의 세금을 징수할 때 발생하는 비용을 피하기 위해서다. 부가가치세의 두드러진 특징은 개인 소비자에 대한 소매 판매와 기업 간 거래를 공히 포함하는 모든 범주의 고객에 대한 판매에 차별 없이 일반적으로 적용된다는 것이다. 그러나 다른 기업에서 재화와 서비스를 구매한 회사는 그로부터 발생한 세금을 자신이 올린 매출에서 발생한 부가가치세로 상쇄할 수 있다(<상자 1> 참조).

부가가치세가 매출액에 붙는 세금이라면 왜 그것이

* 「용어 설명」의 '(소매)판매세' 항목을 참고할 것.

<상자 1> 부가가치세 계산법

부가가치세는 재화와 서비스 판매액의 일정한 비율로 기업에 부과된다. 그것은 모든 판매, 즉 일반 고객에 대한 소매 판매와 기업 간business to business, B2B 거래 모두에 적용된다.

부가가치세가 포함된 재화와 서비스를 구매하는 기업은 자신이 판매할 때 무는 부가가치세에서 구매 시에 지불한 부가가치세를 상쇄하고 차액만 지불할 수 있다. 이것의 순 효과는 결국 소비자에 대한 소매 판매만이 부가가치세를 포함하게 되리라는 것이다. 왜냐하면 기업 간 거래에 부과되는 부가가치세는 실질적으로 환급될 것이기 때문이다.

총부가가치세액은 총소매 판매액에 세율을 곱한 값이 될 터이지만, 이는 생산과 분배의 연쇄 고리를 통과하며 점진적으로 걷히게 된다.

(예) 두 개의 기업으로 이루어진 단순한 생산 사슬을 떠올려 보자. 기업 W가 옷감을 만들어 기업 S에 전부 판매하고, S는 그 옷감으로 양복을 만들어 개별 소비자에게 판매한다. 부가가치세율은 20%라고 가정하자.

	기업 W	기업 S
총매출액	£100,000	£400,000
매출 20%의 부가가치세	£20,000	£80,000
구매된 투입물 가치	–	£100,000
투입물 가격에 붙어 지불된 부가가치세	–	£20,000
부가가치세 순 지불액	£20,000	£60,000

부가가치세 총액 = £80,000 (총세금 수입 = 최종 소비자에게 판매된 재화 가치의 20%).

부가가치세 영세율zero-rating이란 판매에 세금이 붙지 않는다는 뜻이지만, 기업은 여전히 그 투입물에 대해 지불한 부가가치세 환급을 신청할 수 있다.

위 예에서 기업 S의 생산물이 부가가치세 면세품이라면, 그 생산물의 판매에는 부가가치세가 부과되지 않을 것이지만 S는 20,000파운드의 부가가치세를 환급받을 것이다.

'부가가치' 세금이라고 불리는 것일까? 천연 원료가 점차 가공 원료로, 부품으로, 마침내 소비자에게 판매되는 최종 생산물로 변환되는 과정, 곧 생산 사슬이 이어지는 과정에서 세금이 어떤 식으로 축적되는지를 보면 그 이유를 알 수 있다. 만약 똑같은 세율이 모든 판매와 구매에 적용된다면, 생산의 각 단계에서 징수되는 추가적인 세금은 해당 공정을 수행하는 기업이 덧붙이는 가치[부가가치]에 비례할 것이다. 즉 이 기업이 구매한 재료나 부품의 가치와 판매하는 제품의 가치 사이의 차이에 비례한다는 뜻이다.

실제로는 거의 모든 부가가치세 체계에서 상이한 범주의 상품에 상이한 세율이 적용된다. 예를 들어 다수의 유럽연합 회원국은 대부분의 재화와 서비스에 적용되는 '표준' 부가가치세율과 식료품, 가정용 에너지, 책, 신문 같은 특정한 범주의 소비 품목에 적용되는 여러 '감면' 세율을 운용하고 있다. 일례로 프랑스의 2014년 표준 세율은 20%다. 더불어 10%로 감면된 세율이 대중 교통, 음식과 숙박, 문화와 스포츠 행사 등에 적용되고, 식료품, 물, 도서 등에는 5.5%의 부가가치세가 적용되며, 신문은 2.1%로 과세된다. 영국도 표준 세율은 20%지만, 다른 유럽연합 나라들에서 감면 세율이 적용되는 대다수 품목의 부가가치세가 0이라는 점이 특이하다. 이에 비해 덴마크는 부가가치세율이 단일하다는 점에서 독특하다. 덴마크는 모든 재화와 서비스에 25%의 표준 부가가치세율을 적용하고 있다.

미국은 OECD 나라 중에서 유일하게 부가가치세의 유혹에─아직까지는─저항하고 있다. 대신에 매출에 대한 소매판매세retail sales tax가 주와 지역 단위에서 매 겨지는데, 이는 소매 고객을 대상으로 한 판매에만 적용 된다. 소매 고객에게도 판매하고 다른 기업에도 판매하 는 기업은 이 둘을 잘 구분해서 개인 고객에게만 판매세 를 적용하고 기업에는 세금을 붙이지 말아야 한다. 이러 한 '최종 사용자 구별'은 판매세의 약점이 될 수 있다. 왜 냐하면 기업 고객에 대한 판매만 비과세한다는 규칙을 엄격하게 집행할 이유가 별로 없는 가게 주인(또는 계산 대 점원)이 많은 경우에 [그러한 구별의] 결정을 내리며, 그 결정의 정확성을 과세 당국이 감시할 여지도 거의 없 기 때문이다. 이 같은 판매세 제도의 취약성 때문에 무 분별한 탈세를 막으려면 세율을 일정 수준에서 제약하 지 않을 수 없다. 부가가치세는 세율이 20% 이상인 경 우가 지금은 꽤 흔한 반면 판매세는 10%를 좀처럼 넘지 않는다.

역사적으로 물품세excise duties[개별소비세]는 세입을 낳는 주된 세목 중 하나였지만, 지난 세기를 거치며 보 다 현대적이고 강력하며 폭넓게 정의된 판매세가 도입 됨에 따라 중요성이 줄어들었다. 지금까지도 수입된 재 화에 대한 물품세와 관세는 많은 발전도상국의 세입에 서 중요한 세목이다. 이 나라들에서는 경제 활동의 조직화와 정부 역량의 부족 때문에 거래 장부에 기반을 둔 복잡한 세제가 작동하기 어렵기 때문이다.

대부분의 선진국에서 물품세는 자동차 연료, 자동차, 주류, 담배 같은 소수의 생산물에만 제한적으로 부과된다. 많은 나라에서 이들 품목은 매우 높은 수준에서 과세된다. 이를테면 영국에서 궐련은 부가가치세와 개별 소비세를 포함하면 소매 가격의 80% 정도가 세금이고, 석유는 소매 가격의 60%가 세금으로 이루어져 있다.

이렇게 높은 세율을 대규모 탈세 없이 유지하려면 그것이 적용되는 상품의 생산과 분배를 엄격히 통제해야 한다. 일반적으로 물품세는 연루되는 기업의 수를 최소화하기 위해 생산·분배 사슬의 비교적 초반 단계에 부과된다. 위스키에 고율의 세금을 매기고자 할 경우 양조업자에게 세금을 매기는 편이 소매 단계에서 매기는 것보다 훨씬 쉽다. 마찬가지로 자동차 연료에 붙는 높은 물품세는 주요 생산자, 정유업체, 수입업체 등에 매겨지고, 연료는 세금이 붙은 채로 소매상에 넘겨진다. 그러나 대형 양조업체, 담배 제조업체, 석유 회사 등을 감시하고 과세하는 것이 비교적 쉽더라도, 고율의 물품세는 다양한 형태의 밀수, 크로스 보더 쇼핑[세율이 낮은 인접국에서 구매하는 행위], 불법 제조를 부추길 가능성이 있다. 유럽의 몇몇 과세 당국은 이 문제로 골머리를 썩고 있다. 유럽연합국들 간의 자유로운 교역 흐름을 허용하기 위해 국경 통제를 철폐했기 때문이다.

　　　　　　　　　　　　　　2장　조세의 구조

기업에 대한 세금

많은 나라에서 기업들은 세금 징수의 상당 부분을 책임지고 있다. 일례로 영국에서는 세수의 약 90%가 기업을 거쳐 징수된다. 거의 모든 OECD 나라에서 고용주들은 직원 급여로부터 소득세와 사회보장기여금을 '원천적으로' 공제하도록 요구받고 있다. 법적 납부 의무가 피고용인에게 있는 경우에도 그렇다. 또한 많은 나라에서 금융 부문 기업들은 투자자에 대한 이자나 배당을 지급할 때 세금을 원천징수해야 한다. 이렇게 소득의 원천으로부터 세금을 공제 또는 원천징수하는 것에 더해, 재화와 서비스를 판매하는 기업은 대개 그 거래에 수반되는 판매세를 [소비자에게서] 받아 과세 당국에 납부할 의무를 진다.

이러한 주요 세목들이 기업에 대한 세금인 것은 오직 실용적인 의미에서, 곧 기업들이 유용한—그리고 무상의—징세원이 된다는 의미에서다. 그러나 한층 실질적인 의미에서 기업에 부과되는 두 종류의 세금이 있다. 여기서 실질적이라는 말은 기업이 세금으로 내는 돈이 비즈니스와 그것을 행하는 조직의 특성과 더욱 근본적인 방식으로 관련되어 있다는 뜻이다.

첫째, 영국의 법인세와 같이 기업의 이윤에 붙는 세금이 있다. 이는 법인화된 기업, 그러니까 이 기업을 실제로 소유한 개인 주주들과는 독립적인 법적 지위를 갖는 기업에 매겨진다. 기업의 이윤이 과세 목적으로 정의되는 방식, 특히 자금 조달과 투자에 따른 비용들이 다루어지는 방식에는 나라마다 커다란 차이가 있다. 법인소득세 부과를 위한 소득 기준의 정의를 둘러싼 이러한 차이들은 그로부터 기대되는 세액에 어마어마한 영향을 미칠 수 있다. 이는 여러 나라에서 전체적인 법인세 부담액을 결정하는 데 있어 세율 자체만큼이나 중요할 수 있다. 그럼에도 많은 주의를 끄는 것은 법인세율이고, 많은 나라가 국제적으로 활동하는 기업들의 투자를 끌어들이고자 세율을 낮추고 있다.

법인소득세는 최근 커다란 논란의 중심에 있다. 아마존, 애플, 스타벅스 같은 일부 대기업이 사용하는 회계 기법이 논란의 초점인데, 이들은 몇몇 주요 시장에서 납부하는 세금은 최소화하면서 과세 대상 이윤을 세율이 낮은 나라나 '조세 도피처'로 이동시키기 위해 그런 기법을 쓴다. 뒤에서 이 문제를 다룰 것이다.

기업 이윤 외에 많은 나라에서 기업의 활동이나 재산, 자산에도 세금을 매긴다. 영국은 기업의 재산과 고정 자산에 기업레이트business rate라 불리는 상당한 세금을 부과한다. 원래 이 세금은 지방정부가 관할했는데 1990년 중앙정부가 해당 지역 기업이 납부할 세율을 결정할 지방 당국의 권한을 박탈함으로써 사실상 국세의 일부가 되었다. 이 세금은 영국 총조세 수입의 4% 이상을 차지할 정도로 규모가 상당하며, 기업이 납부할 세액은 그 기업이 버는 이윤의 수준과 무관하게 결정된다. 결과적으로 기업레이트가 기업에 미치는 영향은 자산 임대료와 매우 유사하다. 이는 부지를 점유하는 데 따르는 고정 비용으로서, 이윤을 얼마나 벌어들이느냐와 무관하게 사전에 충당되어야 한다. 영국의 기업레이트가 다른 나라에서는 보기 힘든 특이한 체계이기는 하지만, 많은 나라가 기업 자산이나 활동에 일정한 형태의 세금을 부과하고 있다. 이는 종종 지방세 형태, 즉 지역에 따라 상이한 세율이 적용되고 지방정부의 세입에 포함되는 형태를 띤다.

기타 세금

이 범주에는 금융 자산과 유형 재산의 소유 또는 이전에 붙는 세금이나 부담금, 부와 그 상속에 대한 세금, 천연 자원의 사용과 환경 훼손에 대한 세금, 국제 무역에 따르는 세금(<그림 6>), 그 밖에 잡다한 수수료, 면허, 허가 등이 포함된다.

유형 재산에 대한 세금은 보통 한 나라의 조세 체계에서 가장 오래된 부분 중 하나다. 토지와 건물은 정의하기 쉽고 사실상 숨기기가 불가능하며 소유권도 공적으로 기록되어 있다. 대부분의 세금은 특정 지역에 명확하게 국한시키기가 매우 어렵다. 이에 비해 재산은 특정한 장소에 부착되어 있게 마련이어서 흔히 재산세는 지방

〈그림 6〉 랠프 헤들리(1848~1913)의 「관세 납부」Duty Paid. 19세기에 수입관세는 각국의 중요한 세원이었으나, 오늘날에는 몇몇 발전도상국을 제외하면 세원으로서의 역할이 미미하다.

정부가 징수한다. 단순히 물리적인 크기—층당 몇 제곱미터, 토지 몇 에이커식으로—를 척도로 재산세가 부과될 수도 있지만, 대부분의 재산세는 재산의 크기뿐 아니라 가치까지 반영하는 쪽으로 진화해 왔다. 지방정부가 가계 재산에 부과하는 영국의 카운슬세Council Tax는 이 제도가 도입된 1993년에 실시한 각 재산의 시장 가치 평가에 근거한다.

　많은 나라가 토지나 건물 같은 유형 자산의 거래에 세금을 매겨 상당액의 세입을 거두어들인다. 예컨대 영국에서는 집이 팔릴 때 인지세Stamp Duty가 부과되고, 다른 여러 나라에도 주택 거래와 관련된 비슷한 세금이 있다. 인지세나 판매에 붙는 여타 세금은 채권과 주식 같은 다양한 금융 자산의 거래에도 부과될 수 있다.

어떤 나라들은 유형 재산 및 자산 거래 외에 부wealth에 세금을 매기기도 한다. 개인이나 가구가 소유한 실물 자산과 금융 자산의 가치에 세금을 매기는 것이다. 예를 들어 프랑스는 순 자산이 130만 유로가 넘는 가구에 자산 가치 대비 0.5~1.5%의 연간 부유세를 부과한다. 약 25만 가구가 이 세금의 과세 대상이며, 총조세 수입의 2% 미만이 이 세금으로 충당된다.*

상속세는 역사가 길다. 사망한 사람의 유언 및 자산의 처분을 조정하거나 인증하는 데 국가가 종종 개입해 왔기 때문이다. 만약 사망한 사람이 소유했던 자산을 인증하거나 그 배분을 조정하는 데 법적 절차가 요구된다면,

---

* 프랑스의 부유세는 저소득층의 사회보장 재원을 마련한다는 명목으로 1980년대 사회당 정부에 의해 도입되었다. 세율과 과세 범위는 시기마다 조금씩 차이가 있는데, 본문의 설명과 달리 가장 최근에는 순 자산 80만 유로 이상을 보유한 가구에 대해 0.5~1.5%의 부유세가 부과되었다. 그러나 에마뉘엘 마크롱 정부는 2017년 9월 이 세금을 폐지하기로 결정했고, 이듬해부터 이는 동산을 뺀 부동산에만 과세하는 부동산보유세로 대체되었다. 이러한 부유세의 폐지 또는 축소는 유류세 인상과 더불어 2018년에 본격화된 프랑스 노란 조끼 시위의 배경을 이룬다.

그 사람이 남긴 자산의 공인된 가치에 일정액의 세금을 물리는 것은 비교적 사소한 조치다.

대량의 원유나 광물 자원을 보유한 나라들은 자원세, 채굴 면허, 사용료 등의 형태로 상당한 수입을 거둘 수 있다. 덕분에 다수의 주요 산유국은 개인의 소득이나 소비에 대해서는 매우 낮은 세율을 유지하면서도 호화로운 공공 지출이 가능하다. 실제로 카타르, 아랍에미리트, 바레인, 쿠웨이트 등 걸프 지역의 모든 나라가 비교적 낮은 수준의 사회보장세 이외에는 소득세를 전혀 두고 있지 않다. 영국도 북해에 매장된 원유와 가스가 1970년대 이래 개발되면서 그로부터 상당한 세수를 거두어들였다. 그러나 비옥한 유전들이 점차 고갈되자 접근이 까다로워 비용이 많이 드는 유전 개발에 대한 석유 회사들의 투자를 독려하고자 영국 정부가 세금을 깎아줌에 따라 최근 이 세수는 줄어들고 있다. 노르웨이와 네덜란드도 원유와 가스에서 나오는 세수 덕을 보고 있다. 노르웨이의 경우 정부 예산에 견주어 이러한 세수의 규모가 꾸준히 매우 컸다. 나아가 잇따라 집권한 정부들은 단기적으로 흥청망청 쓰거나 세금을 낮추어 주는 식으로 돈을 날리지 않고 남는 세입을 성실하게 대규모 국부 펀드에 투자했다. 이리하여 노르웨이는 장차 석유가 고갈되더라도 지속적인 소득 흐름의 혜택을 누릴 수 있으리라 여겨진다.

환경 이슈에 대한 인식이 높아지면서 많은 나라가 환

경 오염과 훼손을 줄이기 위한 조세 수단을 도입하고 있다. 환경을 가장 많이 오염시키는 활동을 억제하고 더욱 환경 친화적인 대안의 선택을 자극할 수 있도록 탄소 계열 연료나 자동차에 부과되는 것과 같은 기존 세금들이 인상 혹은 재편되고 있다. 나아가 특정한 환경 문제와 관련된 새로운 세금이 도입되기도 한다. 쓰레기에 붙는 영국의 매립세Landfill Tax가 그 예인데, 이는 자원 재활용을 촉진하기 위해 1996년에 도입되었다.

끝으로 지난 반세기 사이에 특히 선진국들 사이에서 급속히 쇠퇴한 조세 영역이 하나 있다. 국제 무역에 대한 관세―수입품에 붙는 세금―가 매우 낮은 수준으로 떨어진 것이다. 이는 세계무역기구WTO와 그 전신인 관세와 무역에 관한 일반 협정GATT 같은 틀 안에서 진행된 일련의 다자 간 관세 축소 협정의 결과다. 현재 미국과 유럽연합에서 관세를 통한 세수는 다른 세금들에서 발생하는 세수의 1% 정도밖에 안 된다. 그러나 다른 나라들, 특히 발전 정도가 덜한 나라들에서는 관세 수입의 중요성이 훨씬 크다. 행정력이 제한된 나라들에서 통관 수속은 세금이 걷힐 수 있는 몇 안 되는 확실한 지점 중 하나며, 수입세는 공적 수입에 기여하는 중요하고도 안정적인 부분이다. 아프리카의 여러 나라에서 관세는 총 세수의 20% 이상을 차지한다.

3장
누가 조세 부담을 지는가

당신은 세금을 얼마나 내는가? 아마도 당신을 고용한 회사가 당신의 임금에서 소득세를 공제할 것이고, 당신은 급여 명세서에는 별 관심도 없을 것이다. 마지막 줄에 있는 숫자, 곧 당신의 은행 계좌로 들어오는 실수령액을 제외하면 말이다. 아니면 당신은 매년 소득세를 직접 계산해 납부해야 해서 자신의 소득세액이 얼마인지 아주 잘 알고 있을지도 모르겠다. 그러나 앞서 보았듯이 소득세는 OECD 나라들이 거두어들이는 조세 총액의 4분의 1만을 설명한다. 소득세 이외의 다른 세금들은 어떨까? 그 세금들 중에서 얼마만큼이 당신 주머니에서 나간 것일까?

　나아가 당신이 납부한 세액을 타인—당신보다 부유한 사람들과 더 가난한 사람들—이 납부한 금액과 어떻게 비교할 수 있을까? '누가 세금을 내는가?' 이것은 영원히 매혹적인 질문, 사람들이 매우 강하게 감정을 이입하는 이슈다.

'형식적' 귀착과 '실질적' 귀착

우리는 특정 집단의 개인들에게 세금을 부과하면 그들이 세금 부담을 질 거라고 생각하기 쉽다. 농부에게 세금을 부과하면 그 세금으로 인해 가난해지는 것은 농부고, 구멍가게 주인에게 세금을 부과하면 구멍가게 주인의 삶의 수준이 떨어진다는 식으로 말이다. 조세 정책에 대한 경제 분석이 제공하는 중요한 통찰 하나는 이러한 통념이 사실과 다르다는 것이다. 세금의 실질적 부담은 법적인 세금 납부 의무가 존재하는 곳과는 전혀 다른 곳에 돌아갈 수 있다.

경제적 관점에서는 조세의 '형식적' 귀착과 '실질적'(또는 '경제적') 귀착이 구별된다. 형식적 귀착이란 세금을 납부할 법적인 의무를 누가 지느냐 또는 세금이 누구에게서 걷히느냐의 문제다. 실질적 귀착은 세금 부담을 지는 것이 궁극적으로 누구냐는 질문과 관련된다. 실질적 귀착이라는 문제를 고찰하는 한 가지 방법은 '세금 때문에 누구의 삶의 수준이 떨어지겠는가?'라고 묻는 것이다. 그 사람이 해당 세금의 형식적 납부 의무자와 늘 일치하지는 않는다. 세금의 부과는 재화, 노동, 자본 시장의 수요 또는 공급에 영향을 미치고, 그럼으로써 가격, 임금, 이자율을 변경시킨다. 이와 같은 경제적 조정은 조세의 부담을 그 형식적 귀착자에게서 분리시키는 효과를 내고, 그리하여 세 부담의 전부 또는 일부가

법적으로 세금을 내야 하는 회사나 개인에게서 [다른 누군가에게로] 전가된다.

더욱이 세금이 구매자에게 부과되든 판매자에게 부과되든 결과는 같다. 경쟁적 시장에서 형식적 부담은 최종적인 경제적 부담과 구별될 뿐 아니라 경제적 부담의 결정과 아예 관계가 없다. 세금이 구매자에게 부과되든 판매자에게 부과되든 아무런 차이가 없다. 어떻게 하든 거래량은 같을 것이며, 구매자는 세금을 포함한 가격을 지불하고 판매자는 거기서 세금을 뺀 금액만 받게 된다.

많은 나라가 영국의 인지세처럼 민간 주택의 판매에 세금을 붙인다. 어떤 나라에서는 법적으로 구매자가 이 세금을 지불해야 하는 반면 다른 나라에서는 판매자가 내야 한다. 이와 같은 법적 의무의 할당은 누가 지불할 것이냐를 둘러싼 혼란을 없애기 위한 것일 뿐이며, 주택 시장이나 거기서 이루어지는 개별 거래에는 영향을 미치지 않을 것이다. 그러므로 우리는 임의의 거래에서 세 부담을 누가 지느냐는 문제는 그 가격에 완전히 반영되어 있으리라고 예측할 수 있다. 이를테면 세금 납부의 의무가 판매자에게 있을 때 판매 가격은 세금 지불 의무가 구매자에게 있을 경우에 비해 부과된 세액만큼 더 높아질 것이다. 잠재적 구매자가 제안된 판매 계약에 사인을 할 것인지 여부는 그가 지불할 총액에 따라 결정될 뿐이며, 구매자로서는 그 금액이 판매자에게 돌아갈지 정부에 돌아갈지 신경 쓸 필요가 없을 것이다. 마찬가지로 판매자가 자기 집을 파는 데 동의할지 여부는 이 판매로 그가 얻을 최종 금액이 얼마냐에 따라 결정될 따름이다. 이 두 액수[구매자의 최종 지불액과 판매자의 최종 수령액] 중 어느 것도 주택 거래에 따른 법적인 세금 납부 의무가 누구에게 있는지에 영향을 받지 않는다.

세금 부과에 따른 경제적 결과가 그 법적 귀착과 무관하다는 관찰은 즉각적이고 편리한 정책적 함의를 지닌다. 이를테면 이 덕분에 우리는 판매세를 시장의 어느 쪽에 부과할지 선택할 때 순전히 행정 비용과 편의만 고려하면 된다. 판매세는 재화의 판매자에게 부과하는 편이 보다 편리하다. 아무래도 고객 수보다 판매자 수가 적고, 판매세 부과 기준으로 쓸 상세한 거래 기록을 남기도록 강제하기도 판매자 쪽이 더 용이하기 때문이다. 다행히도 행정상의 이런 편리함을 이용한다고 해서 판매자에게 세금이 더 많이 귀착되는 것도 아니다. 그런 귀착은 경제적 내용에 의해 결정될 일이지 우리의 행정상 선택과는 무관하다.

기업이 자기가 부담할 세액을 보전하기 위해 가격을 올리면 판매세 부담의 일부 또는 전부가 고객에게 전가된다. 얼마만큼의 판매세가 소비자에게 전가될지는 해당 시장의 성격에 달려 있다. 경쟁적 시장에서 소매판매세가 고객에게 전가되는 정도는 상품의 공급(생산자)과 수요(소비자)가 그 가격 변화에 어느 정도로 반응하느냐에 좌우될 것이다.* 경제학 용어로 표현하면 세금이 부과된 상품에 대한 수요와 공급의 상대적 '탄력성'에 의해 결정되는 것이다. 만약 소비자의 지출이 상품 가격에 매우 민감한 품목에 판매세가 부과된다면, 세금 가운데 소비자에게 귀착되는 부분은 비교적 적을 것이고, 따라서 생산자가 더 많은 세 부담을 지게 될 것이다. 반대로 공급이 가격에 매우 민감한 동시에 소비자 수요는 가격에 둔감한 생산물에 세금이 붙으면 그 부담은 생산자보다 구매자에게 더 많이 귀착될 것이다.

경제학의 수요·공급곡선을 들어 본 독자라면 간단한 도식을 통해 이 조정의 바탕에 있는 경제 과정을 더 쉽게 이해할 수 있을 것이다. 이런 독자와 경제 분석의 개념과 도구에 흥미가 있는 독자를 위해 수요·공급곡선

＊ 보통 상품의 수요량은 가격이 오르면 줄어들게 마련이지만 줄어드는 정도는 상품의 성격에 따라 천차만별이다. 가격이 많이 올라도 소비자로서는 울며 겨자 먹기로 소비량을 유지하지 않을 수 없는 상품이 있고(예: 필수품), 반대로 약간의 가격 인상만으로도 수요량이 크게 줄어드는 상품이 있다(예: 대체재가 많은 상품). 한편 정부가 판매되는 물건에 세금을 새로 매기면 판매자는 그 세금을 가급적 많이 가격에 반영해 부담을 소비자에게 전가하고 싶을 것이다. 그러나 가격 인상에 따라 수요량이 줄면 궁극적으로 자신에게 불리한 결과가 초래될 것이므로 그는 상품의 성격에 따라 가격 인상 정도를 다르게 결정해야할 것이다. 즉 수요가 비탄력적인 필수재에는 비교적 쉽게 세금을 가격에 반영할 수 있을 것이므로 세금 중 소비자가 부담하는 부분이 클 것이고, 수요의 가격 탄력성이 큰 상품의 경우에는 판매자가 세금의 극히 일부만을 가격에 반영시킬 수 있어 세금의 많은 부분을 자신이 부담하게 될 것이다.

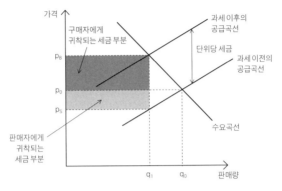

가격

구매자에게
귀착되는 세금 부분

과세 이후의
공급곡선

단위당 세금

과세 이전의
공급곡선

p_B

p_0

p_S

수요곡선

판매자에게
귀착되는
세금 부분

q_1　q_0　판매량

<그림 7> 판매세의 경제적 귀착.

도해를 <그림 7>에 제시했고, 그 설명을 <상자 2>에 넣어 두었다. 경제학의 표현 방식에 익숙지 않은 독자를 위해 이 도식에 담긴 핵심 아이디어를 밝히면 다음과 같다. 시장에서 재화와 서비스가 거래되는 가격은 한편의 수익성 있는 공급 기회와 다른 한편의 소비자 수요의 힘이 각각의 가격 수준에서 자아내는 상호작용을 반영한다. 이 두 압력의 조화balance에 의해 시장 가격의 최종값—경제학 용어로는 '균형'equilibrium 가격—이 결정될 것이고, 이 값은 세금이 부과되면 영향을 받을 것이다.

　판매자에게서 거두어들인 판매세가, 인상된 가격을 통해 어느 정도나 소비자에게 전가될 것인지는 시장의 수요와 공급이 새로운 균형을 찾는 시장 과정에서 결정된다. 순식간에 최종 결과에 도달할 수도 있지만, 얼마간의 시간이 걸릴 수도 있다. 특히 기업들이 가격을 조

<상자 2> 판매세의 경제적 귀착: <그림 7>의 해석

<그림 7>은 경쟁적 시장에서 거래되는 한 재화에 대해 판매세 부과 전후의 수요곡선과 공급곡선을 보여 준다. 세금이 없을 때 시장은 가격 p_0과 판매량 q_0에서 균형을 이룬다. 판매된 상품 한 단위마다 세금이 부과되면 이 단위 세액만큼 공급곡선이 위로 이동한다. 세금이 부과된 후 수요와 공급의 균형을 이루어 주는 가격은 p_B가 되고 판매량은 q_1로 줄어들 것이다.

이 줄어든 판매량에서 구매자는 p_B의 가격을 지불했지만 판매자는 p_s의 가격만 받는다. 이 두 가격 사이의 차이가 단위당 세액이다. 이때 총세액은 음영으로 표시한 직사각형의 면적이다(세금 곱하기 판매량). 이 중 일부는 구매자가 부담하는데, 이제 그는 종전보다 더 높은 단위 가격을 지불한다. 구매자에게 돌아가는 세금 귀착분은 진한 음영으로 표시되어 있다. 나머지는 판매자가 부담하는데, 이제 그는 세금을 제하고 나면 종전보다 낮은 단위 가격을 받는다. 판매자에 대한 세금 귀착분은 옅은 음영으로 표시되어 있다.

세 부담이 구매자와 판매자에게 어떻게 나뉠지는 수요곡선과 공급곡선의 상대적 기울기에 달렸다. 수요곡선이 공급곡선보다 가파르면 (즉 수요가 공급보다 가격에 덜 민감하면) 현재의 예에서처럼 세금의 더 많은 부분이 구매자에게 귀착된다.

정하는 데 비용이 많이 들거나 구매자와 판매자가 상당한 시간 동안 계약에 묶여 있다면 말이다. 세금의 전가가 반드시 판매자나 다른 시장 참여자의 의식적 또는 의도적 결정의 결과는 아니며, 실질적으로 법률로 규제될 수 있는 과정도 아니다. 몇몇 정부는 세금의 변화가 소비자가 지불하는 가격에 반영되는 것을 통제하고자 노력하기도 한다. 하지만 이는 대체로 헛된 시도로, 비용과 수요의 변화에 대응해 판매자가 자연스럽게 행하는 가격 조정 탓에 좌절되게 마련이다.

그러므로 경쟁적 시장에서 판매세의 실질적 귀착은 가격 변화에 대한 공급과 수요의 상대적 반응성에 의해 결정된다고 할 수 있다. 그러나 완전 경쟁 시장을 벗어나면 조세의 귀착을 결정하는 경제적 과정은 훨씬 더 복잡해진다. 판매세 부담이 누구에게 귀착될지는 시장 구조, 시장에서 기업의 가격 결정 행위, 수요·공급·세금의 세부 내용과 관련된 기타 사항에 좌우된다. 예컨대 하나의 독점적 공급자가 판매하는 상품의 경우 공급 측에서 비교적 작은 변화만 일어나도 경쟁적 시장에 비해 더 많거나 더 적은 세금이 소비자에게 전가될 수 있다. 100% 넘게 전가되는 것도 가능하다. 세금 부과에 대응해 독점자가 가격을 부과된 세금보다 많이 올린다면, 세금 이상의 금액을 소비자에게 전가할 수 있는 것이다. 완전한 독점에는 미치지 못하는 시장 지배력을 보유한 소수 기업으로 이루어진 시장에서는 개별 기업의 가격 결정 행위들 간의 전략적 상호작용이 극도로 복잡해지고 다변화할 수도 있다. 그러한 몇몇 시장에서는 [세금 부과에 대응해] 한 기업이 가격을 올리는 사이 다른 기업들은 더 많은 시장을 차지하기 위해 가격을 유지하기도 한다. 이럴 경우 판매세 전부를 [종전 가격을 유지한] 기업이 부담하게 될 수도 있다. 하지만 반대로 이렇게 경쟁이 불완전한 시장에 있는 기업들은 상대방의 행동을 따라 하는 전략을 취할 수도 있다. 즉 모든 기업이 경쟁자의 가격 인상에 대응해 자신의 가격을 올리는 것이다. 이럴 경우 판매세 부과에 따른 전체 세 부담은 소비자가 지게 된다.

이러한 분석 논리는 노동 시장에도 잘 적용된다.* 임금에 대한 세금은 고용주의 노동 비용과 노동자의 생활 수준에 영향을 미치며, 이 영향은 노동 공급과 수요의 상대적 탄력성에 의해 결정된다. 남성 노동자들의 노동 공급 행위에 대한 실증 연구에 따르면 이들의 노동 시간은 임금의 변화에 매우 적게 반응한다. 이는 적어도 남성이 지배적인 고용 영역에서는 노동 소득에 대한 세금 대부분이 고용주가 아니라 노동자에게 전가됨을 시사한다. 다음 장에서 논하겠지만 여성, 특히 어린 자녀가 있는 여성의 노동 시간은 임금률의 변화에 더 탄력적으로 반응한다는 증거가 있다. 그리하여 여성이 노동력의 상당한 비중을 차지하는 노동 시장 영역에서는 이처럼 노동 시간이 임금률 변화에 민감하기 때문에 임금에 대

* 노동 시장은 '노동력'이라는 특수한 상품이 거래되는 시장으로 보통의 상품 시장과는 다른 성격을 갖는다. 보통의 시장에서는 기업이 공급자고 개인이 수요자다. 노동 시장에서는 반대다. 노동력을 경제학에서는 '생산 요소'라고 하는데, 이러한 생산 요소 시장에서는 기업들이 수요자고 해당 생산 요소를 공급하는 개인이 공급자다.

3장 누가 조세 부담을 지는가

한 세금 가운데 피고용인에게 부담되는 비중이 줄어드는 경향이 있다.

노동 시장에서 매겨지는 세금에서도 형식적 귀착은 경제적 귀착과 무관하다. 앞서와 마찬가지로 시장의 어느 쪽이든 더욱 편리한 쪽에 세금을 매기더라도 세 부담의 최종 귀착은 영향을 받지 않을 것이다. 이런 사실은 또한 많은 나라의 조세 제도에서 주요한 세입원의 하나, 즉 사회보장 체계를 유지하는 데 쓰이는 급여세payroll tax에도 극적인 함의를 갖는다. 많은 나라에서 이는 고용주가 '지불'하는 부분과 피고용인이 '지불'하는 부분으로 나뉘어 있지만, 이 둘 모두 똑같은 방식으로 고용주에게서 징수되는 것이 보통이다. 경제학적 관점에서 이러한 구분은 어리석은 것이며, 고용주와 피고용인의 사회보장기여금을 어떻게 나누어야 적절하겠느냐는 토론은 경제적으로 실질적인 내용이 전혀 없는 시간 낭비일 뿐이다. 다만 세율이 변했으나 노동 시장이 거기에 완전히 적응하지는 못한 초단기에는 두 부분의 경제적 효과가 상이할 수도 있겠다. 그러나 고용주가 경제적 결정을 내릴 때 고려하는 것은 총세금, 즉 기여금의 두 부분 모두가 포함된 전체 노동 비용이며, 노동 시장에서 피고용인은 모든 기여금과 세금을 공제한 세후 임금을 염두에 두고 행동한다. 경제적으로 의미 있는 어떤 결정도 두 요소가 어떻게 배합되어 있는지와 무관하게 내려지는 것이다.

부동산세—토지와 건물에 대한 세금—의 귀착도 비슷한 방식으로 이해할 수 있다. 일반적으로 토지는 공급이 고정되어 있어 토지의 매매에 붙는 어떤 세금도 구매자가 아니라 판매자에게 귀착된다.[*] 마찬가지로 지대에 대한 세금은 임차인이 아닌 지주에게 귀착되리라 예측할 수 있다. 이런 사항을 법으로 변경할 수는 없다. 경쟁적 시장에서 이는 자연스럽고 불가피한 결과다.

건물의 경우에는 귀착 문제가 보다 복잡하다. 단기적으로 건물의 공급은 고정되어 있다. 새로 짓는다 해도 현존하는 주거용 또는 사무용 건물 총량에 아주 적은 비율 이상을 덧붙이기 어려울 것이기 때문이다. 그러나 더 장기적인 시간 지평에서는 상당량의 신축이 가능하며, 이러한 추가적인 공급은 주거용·상업용 재산의 소유 또는 점유에 부과되는 세금의 부담을 소유자보다는 점유자에게로 이동시킬 것이다.

토지—나아가 자산 일반—에 대한 세금[토지보유세]의 특징을 조금 더 살펴보자. 현재와 미래의 세금은 모두 자산의 현재 가격에 반영될 것이다.[**] 왜냐하면 자산

* 토지의 양은 가격 수준과 무관하게 고정되어 있고, 따라서 토지의 공급은 가격에 대해 완전 비탄력적이라고 할 수 있다. 토지세가 새로 부과되더라도 토지의 가격은 변동하지 않을 것이고, 따라서 토지세는 전액 판매자가 부담한다.
** 애초 토지의 가격 자체가 그 토지에서 기대할 수 있는 미래 수익(지대)의 현재 가치에 의해 결정된다. 새로 부과되는 세금은 토지로부터의 미래 수익을 줄임으로써 토지 가격을 낮춘다.

의 판매는 결과적으로 새로운 주인에게 미래의 세금을 납부할 의무까지 넘겨줄 것이기 때문이다. 자산 소유자가 자산을 1~2년만 보유할 것으로 예상하더라도, 자신이 해당 자산을 매각할 때 새로운 구매자 또한 그 자산의 보유 비용을 같은 방식으로 생각하리라고 그는 예측할 것이다. 그리하여 미래의 세금은 구매자가 지불하고자 하는 금액을 낮추는 효과가 있고, 결과적으로 모든 미래 세금은 현재의 소유자에게 귀착된다―이것이 바로 조세의 자본화capitalization라고 알려진 현상이다. 자산에 새로운 세금을 부과하는 조세 개혁은 즉시 자산 가치의 하락으로 반영된다. 자산 가치는 현재와 미래에 부과되는 세금의 순 현재 가치만큼 하락한다. 그러므로 새로운 세금은 현재의 소유자에게 무거운 부담을 지우게 된다. 마찬가지로 자산세의 폐지는 현재 자산을 소유하고 있는 이에게는 횡재나 다름없다. 이 경우 미래의 소유자가 자산에 대해 지불할 비용이 줄어들지는 않는다(미래의 세 부담 감소로 얻게 될 이득이 현재 자산 구매에 지불해야 할 가격의 인상으로 상쇄될 것이기 때문이다). 자산에 대한 세제를 변경하고자 하는 정부는 이와 같은 효과를 고려해야 한다. 조세 개혁은 내구성 자산의 현재 소유자에게 변덕스럽고 정당화되기 어려운 뜻밖의 횡재나 손실을 안길 수 있고, 이러한 효과를 충분히 인식하지 못한 채 조세 정책을 수행하면 상당한 폐해를 낳을 수 있다.

이제 기업 이윤에 대한 세금을 보자. 이 세금은 어디에 귀착되는가? 주주? 고객? 직원? 어떻든 기업에 대한 세금의 부담이 '기업에' 돌아가지는 않으리라는 것 하나는 분명하다. 결국 기업에 대한 모든 세금은 기업 이외의 주체에게, 궁극적으로는 개인들에게 부담될 것이다.

기업의 자산과 이윤에 붙는 세금을 궁극적으로 누가 부담하는지 추적하는 일은 판매나 소득에 대한 세금의 경우보다 더 복잡하며, 세금이 실질적으로 누구에게 귀착되는지와 관련된 연구들이 보이는 합의 수준도 그에 못 미친다. 여기서 고려해야 할 이슈들은 앞서 다른 세금들의 효과를 논하기 위해 가져다 쓴 단순한 분석틀—세금의 효과를 그 세금이 붙는 시장에 대해서만 논하는 이른바 '부분 균형' 프레임—을 훨씬 넘어선다. 기업 이윤에 대한 세금의 효과를 보기 위해서는 폭넓은 일련의 경제적 상호작용을 고려해야 하는데, 여기에는 개인의 저축과 투자 결정, 법인·비법인 기업의 자본 공급, 노동시장과 생산물 시장 모두와의 가능한 상호작용 등이 포함된다.

하나의 견해에 따르면 기업 이윤에 붙는 세금이란 궁극적으로 주주에게 돌아갈 소득에 대한 추가적인 세금에 다름 아니다. 실제로 한때 이 견해는 여러 나라의 조세 체계에 꽤 명시적으로 반영되기도 했다. 회사가 이미 납부한 법인세를 개인 주주들에게 돌려줌으로써 결과적으로 개인소득세 부담을 낮추어 준 것이다.

그러나 더 최근에 와서는 기업이윤세 부담의 상당 부분이 직원들에게 귀속된다는 증거를 내놓는 연구가 늘어나고 있다. 이렇게 되는 과정은 복잡하지만 적어도 두 가지 메커니즘을 식별할 수 있다. 먼저 기업은 특수한 경쟁력 우위를 가질 경우 그로부터 일정한 이득을 누린다. 노동자들은 고용주와의 임금 협상을 통해 그런 이득의 일부를 가져올 수 있는데, 이 이득이 기업의 이윤에 대한 세금 때문에 줄어들면 노동자들이 얻는 혜택도 줄어들 것이다. 둘째 메커니즘은 특히 조세 정책에 극적인 함의를 지닌다. 이 메커니즘은 자본 유치를 위한 국제적 경쟁에 노출된 '소규모' 경제에서 작동하는데, 아마도 요즘에는 전 세계 대부분 나라가 이에 해당할 것이다. 여기서 '소규모'란 면적이나 인구 규모가 작다는 것이 아니라 그 나라의 자본 사용이 전체적인[세계적인] 자본 비용에 뚜렷한 영향을 미치지 못한다는 뜻이다. 하지만 그런 나라의 기업들은 해외에 근거한 자본을 얻기 위해 경쟁해야 하는데, 이 경우 자본 수익에 세금이 붙으면 이들이 끌어들일 수 있는 자본의 양이 줄어들 것이다. 결과적으로 이런 나라에서 자본에 대한 세금의 부담은 자본으로부터 이동성이 덜한 국내의 과세 기반—아마도 임금 같은—으로 전가될 것이다(그렇지 않고 세 부담이 자본에게 지워지면 자본은 그냥 다른 곳으로 가면 그만이다).

이제까지 주요 세목들의 부담이 실질적으로 어디에 귀착되는지 대략 살펴보았다. 소득세와 급여세는 대체로 피고용인이 부담하고, 판매세 부담의 상당 부분은 소비자에게 전가되며, 기업이윤세의 부담 문제는 복잡하고 불분명하긴 해도 비교적 소규모의 개방 경제에서는 상당 부분이 국제적으로 이동성 높은 자본보다는 실질 임금 축소를 통해 노동자에게 부담된다고 믿을 만한 근거가 상당하다.

그렇다면 개별 납세자에게 평균적으로 어느 정도의 세 부담이 지워질까? 그것은 상이한 개인 및 가구 집단 간에 어떻게 분배될까? 특히 소득 수준이 다른 가구 간에 어떻게 분배될까? 다시 말해 조세 부담은 부유한 사람들과 가난한 사람들 사이에서 어떻게 분배될까?

이러한 질문들에 대한 연구가 최근 급증하고 있다. 수천 가구를 포괄하는 대규모 조사 자료를 사용해 세금의 영향을 시뮬레이션할 수 있는 연구 기법들이 개발되고 있기 때문이다. 덕분에 세금이 가구의 생활 수준에 미치는 영향, 그리고 상이한 세금이 국민에게 분배되는 방식을 훨씬 더 상세히 그릴 수 있게 되었다. 이러한 질문들은 순수한 지적 관심사로서도 흥미롭지만, 특히 조세 관련 정책 입안자에게는 가구 간 세 부담 분배 상태를 알아야 할 두 가지 이유가 있다.

첫째로 조세 정책에 관한 판단을 내릴 때 정책 입안자는 종종 공정성 또는 형평성을 고려해야 한다. 이 책의 여러 곳에서 보겠지만 조세 정책에 관한 수많은 선택이 부자와 빈자 간 조세 부담의 분배라는 측면에서 세금 징수의 효율성과 결과의 형평성 간의 갈등을 수반한다. 순전히 경제적·실행적 효율성의 관점에서 선호되는 세금이 비교적 가난한 가구에 특히 과중하게 부담되는 세금인 경우가 종종 있다. 이런 경우 정책 입안자는 특정한 세금과 관련해 전체 세 부담의 형평성을 높이기 위해 효율성을 얼마나 희생시킬지를 결정해야 한다.

정책 입안자와 정치인이 상이한 가구 집단에 세금이 미치는 영향에 관심을 기울이는 둘째 이유는 훨씬 더 실용적이다. 조세 개혁에서 누가 손해를 볼지, 그들이 얼마나 영향을 받을지 등을 정책 제안이나 입법을 행하기 전에 아는 것은 현명한 일이다. 그렇지 않으면 입법자들은 조세 개혁으로 손해를 본 유권자들이 선거에서 복수할 경우 치명상을 입을 수 있을 테니 말이다.

경제학은 상이한 소득 수준에 세금이 미치는 영향을 표현하는 몇 가지 용어를 고안했는데, 이는 정책 논쟁에서 널리 사용된다(그리고 종종 오용된다). 일단 경제학은 소득에 정확히 비례하는 세금을 기준으로 삼는다. 다시 말해 각 개별 가구에서 세금으로 나가는 금액과 소득의 비율이 모든 소득 수준에서 같은 상황을 상정하는 것이다. 이러한 기준을 취한다고 해서 세금 납부액을 가구

소득에 정비례하게 만드는 것이 특별히 바람직하다거나 신성하다는 뜻은 아니다. 이는 세금 납부액이 소득과 관련해 취할 수 있는 다양한 유형을 분석하는 데 유용한 출발점일 뿐이다.

그런 다음 세금 납부액이 개별 가구에 분배되는 두 가지 상이한 유형을 구별할 수 있는데, 여기에는 특별한 이름이 붙는다. '누진적'progressive 세금은 소득이 증가함에 따라 한 가구의 소득 대비 세금 납부액이 증가하는 세금이다. 그와 반대로 '역진적'regressive 세금은 소득 수준이 낮을 때 세금으로 나가는 소득의 비중이 더 높다. 이렇게 각별히 호의적이거나 경멸적인 뉘앙스를 담은 단어들이 소득 분배상의 특징을 나타내는 데 선택된 것은 어쩌면 유감스러운 일일 것이다. 이 단어들은 생활 수준이 상이한 가구들에 세금이 미치는 영향을 다루는 논의와는 전혀 무관한, 그 자체로 유용한 의미도 품고 있으니 말이다. 이런 사정은 종종 혼란을 낳기도 한다. 특정한 조세 개혁의 지지자들이 자신의 개혁안이 '진보적'progressive이라고 주장할 때 특히 그런데, 이는 해당 개혁안이 조세 부담에 미칠 영향과는 무관한 진술이다. 이 책에서는 조세 부담과 소득 간의 관계를 요약하는 유용한 방식으로[만] 이 용어들을 사용할 것이다.

공공 정책을 통해 부자와 빈자 사이에 소득이 얼마나 재분배되어야 바람직할까? 독자들은 이 문제에 대해 다양한 견해를 가지고 있을 것이다. 이것은 도덕적 판단의 문제, '공정성'의 문제로서 합리적이고 사리에 밝은 사람들 사이에서도 그에 대한 의견이 갈릴 수 있다. 이들이 현재의 세 부담 분배 상태나 상이한 세목의 지불 패턴과 같은 사실들에는 인식을 같이하더라도 말이다. 조세를 포함한 공공 정책의 설계 과정에서 분배적 형평성에 어느 정도의 우선순위를 매겨야 하는지는 정치와 사회에 대한 서로 다른 철학의 핵심적인 차이를 구성한다. 물론 나도 이 문제에 대해 일정한 견해를 가지고 있으며, 이는 내가 이 책에서 어떤 정책 이슈들을 다루기로 선택했는지 보면 독자들에게도 어느 정도는 드러날 것이다. 여러분이 내 견해에 동의하지 않아도 좋으며, 각자는 무엇을 해야 하는지에 대한 나름의 도덕적 견해─가치판단─를 가질 자격이 있다. 그런 판단들은 개인의 원칙과 선호의 문제로, 재분배의 바람직함 여부는 사실들의 묘사를 통해─단어의 선택에 의해서는 말할 것도 없고─'증명'될 수 있는 것이 아니다.

대다수 선진국의 조세 체계에서 소득세는 뚜렷하게 누진적인 분배 형태를 취하고 있다. 소득세가 모든 소득 수준에서 소득에 정확히 비례하도록 정해진 경우는 거의 없다. 대부분의 소득세 체계는 다양한 방식으로 가난한 가구의 세 부담을 줄여 주고자 한다. 많은 나라의 조세 제도에 반영되어 있는 한 가지 방법은 납세자의 소득 구간이 점차 높아짐에 따라 더 높은 '한계' 세율들을 적용하는 것이다. 또 한 가지 방법은 납세자 소득의 가장 낮은 첫째 구간에서는 아예 세금을 면제해 주는 것이다. 2장에서 설명했듯이 영국의 소득세 제도가 그렇다. 이 두 방법을 통해 가구의 납부 세액은 소득보다 가파르게 증가하며, 세금으로 나가는 액수의 비중은 소득이 높아짐에 따라 더 커진다.

반대로 판매세의 분배 패턴은 훨씬 덜 누진적인 경향이 있고, 많은 나라에서 역진성이 뚜렷하다. 가구의 판매세 부담 형태는 가구의 소비 패턴과 상이한 재화·서비스에 적용되는 세율들에 좌우될 것이다. 세율이 가구의 소득에 직접적으로 연동되는 직접세와 달리 간접세의 부담은 가난한 가구와 부유한 가구의 소비 패턴이 다른 한에서만 가구 소득에 연동된다.* 역진성은 부분적으로는 낮은 소득 그룹에 속하는 가구들이 소득의 더 많은 부분을 소비하고 더 적게 저축하는 데서 기인하고, 또 부분적으로는 고세율 품목에 대한 소비 비중이 가난한 가구들에서 더 높은 데서도 기인한다. 이 문제는 잠시 뒤에 자세히 다룰 것이다.

최근 재정연구소IFS가 영국 가구의 세 부담 분배를 추산한 결과가 <그림 8>에 요약되어 있다. 가구의 소득과

---

* 이러한 소비 패턴 차이를 반영해 소비 품목별로 상이한 소비세율이 규정된다면, 즉 가난한 가구가 주로 소비하는 품목에는 낮은 세율이, 부유한 가구의 소비 품목에는 높은 세율이 적용된다면 결과적으로 소비세 부문에서 일정 정도의 누진성이 달성될 수도 있을 것이다.

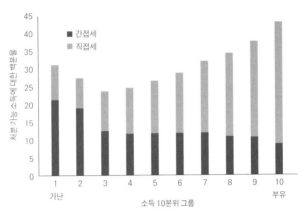

<그림 8> 누가 세금을 지불하는가? 2009~2010년 영국의 가구 10 분위별 직접세·간접세 분배 양태.

주의: 소비에 대한 세금에는 부가가치세와 개별소비세가 포함됨. 소득에 대한 세금에는 소득세, 고용주 및 피고용인이 내는 국민보험기여금, 카운슬세가 포함됨. 법인세, 기업레이트, 자본세는 고려되지 않음.

소비 패턴에 대한 대규모 정부 조사 자료, 그리고 재정연구소의 '조세 및 공적 수당 시뮬레이션 모형'으로 계산한 가구의 세 부담 정밀 추정치에 의거해 작성된 이 도표는 영국의 주요 세목 대부분을 포괄해 그것들의 가구 간 배분 상태를 보여 준다. 여기 고려된 세목으로는 소득세, 국민보험기여금(이 장의 앞부분에서 논한 이유 때문에 형식적으로 고용주가 부담하는 부분도 포함), 지방정부 재정을 위해 부과되는 카운슬세, 부가가치세나 개별소비세처럼 소비에 붙는 세금 등이 있다. 한편 귀착의 불확실성 때문에 법인세나 기업레이트 같은 기업세,

그리고 상속세나 자본이득세 같은 자본세는 제외되었다. 전체적으로 위 분석은 영국 조세 수입의 4분의 3 정도를 포괄한다.

이 도표에서 가구들은 처분 가능 소득이 낮은 순으로 나열된 뒤 크기가 같은 열 개의 그룹—'10분위 그룹'—으로 묶여 있다. 즉 각 그룹에 영국 전체 가구의 10%가 들어 있는 것이다. 가장 가난한 가구 10%가 그래프 맨 왼쪽에 나타나고, 이어지는 10분위 그룹들이 가구소득이 낮은 순으로 나오다가 가장 부유한 10%가 맨 오른쪽에 위치한다. 이 도표는 각 소득 그룹에 속하는 가구들의 평균 세 부담액을 보여 주는데, 이때 세금은 두 부류로 나누어 놓았다. '간접세'는 재화와 서비스의 판매에 부과되는 세금으로 가구들은 구매 활동을 매개로 그 부담을 간접적으로 지며, '직접세'는 주로 소득에 부과되는 세금이다.

소득 분배의 가장 밑바닥에서는 조세 납부 패턴이 역진적이다. 인구 중 가장 가난한 10%에게 세금은 소득의 31%를 차지하고, 그다음 10분위에서는 28%, 셋째 10분위에서는 24%다. 그다음부터는 세 부담이 누진적으로 바뀐다. 가구 소득 증가와 함께 세금으로 나가는 소득의 백분율도 증가해 가장 부유한 10%의 경우 소득의 43% 정도를 세금으로 내는 것으로 나타난다.

이 도표를 보면 직접세의 지불과 간접세의 지불이 분배되는 양상이 대조적임을 확인할 수 있다. 간접세(부가가치세와 개별소비세)는 뚜렷하게 역진적인 분배 효과를 내고 있다. 가장 가난한 가구 10%의 간접세 부담은 소득의 22%나 되지만 소득 수준이 올라가면서 이 수치도 떨어져 가장 부유한 10%에 이르면 그 절반 이하로―고작 9%로―줄어든다. 반대로 소득 분위가 상승함에 따라 소득에 부과되는 직접세의 소득 대비 백분율은 꾸준히 증가해 최하위 10분위에서는 9%지만 최상위 10분위에서는 34%까지 오른다.

두 가지 핵심 포인트에 주목해야 한다. 첫째, 위 그림은 다양한 세목의 분배적 의미를 고찰할 때 조세 체계를 하나의 전체로 조망하는 것이 얼마나 중요한지를 보여준다. 만약 우리가 소득 수준이 낮은 가구들의 생활 수준에 조세 체계가 미치는 영향에 관심이 있다면, 주목해야 할 것은 조세 체계 전반의 영향이지 개별 세목의 분배적 영향이 아닐 것이다. 물론 전체 조세 체계 내에서 한 세목이 내는 역진적 효과가 더 누진적으로 분배된 다른 세목의 효과로써 상쇄될 수는 있다. 맨 밑바닥의 두 10분위를 제외하면 이는 영국의 조세 부담 전반에 대해 대체로 사실이다. 즉 간접세의 역진적 효과가 직접세의 누진적 효과로 충분히 상쇄되어 전체적으로는 누진적인 조세 구조가 나타나고 있는 것이다.

둘째, 이 그림에서는 세금만 고려되고 있다. 그러나 세금이 가난한 가구, 실업자, 장애인, 연금 수급자 등을 위한 사회보장 체계와 어떻게 연동되어 있는지를 살피지 않으면, 영국의 조세 체계에서—그리고 다른 많은 나라의 조세 체계에서도—세금이 미치는 영향을 이해하기가 매우 어렵다. 영국 시스템에서 국가가 제공하는 그러한 '수당'은 보통 소득과 관련되어 있거나 '자산 소득 조사'means test에 의거한다. 즉 개인이나 가구의 소득을 평가해 수당이 모든 가구가 아닌 저소득 가구에만 지급되도록 하는 것이다. 어떤 수당의 지급은 직접적으로 세금 납부와 연동되어 있어서—이를테면 주택 수당은 가난한 가구가 납부해야 할 카운슬세의 일부를 제하고 지급된다—저소득 가구가 받는 수당은 세금의 영향으로 상당 정도 줄어든다. 더 일반적으로 말하면 조세를 통한 재분배와 사회적 수당을 통한 재분배는 가난한 가구들을 지원하는 대안적인 경로를 제공하는 것이고, 이 경우 한쪽 즉 세 부담 측면에만 주목하고 수당의 역할은 무시해야 한다고 주장하기는 매우 어렵다. 이러한 이유로 앞에 제시한 수치들의 출처기도 한 멀리스 보고서는 세금과 수당의 영향을 통합적으로 보여 주고 있다. 이에 따르면 소득 등급 전체에 걸쳐 강력한 누진성이 두드러지며, 이는—적어도 평균적으로는—조세 부담만 보았을 때 관찰되었던 가난한 가구들 사이에서의 역진성을 상쇄해 준다.

4장
조세와 경제

홀륭한 양치기는 양털은 깎아도 가죽은 벗기지 않는다.

티베리우스 카이사르

로마제국의 속주들에서 조세는 혹독하기로 악명이 높았다. 제국의 중앙 행정 기구와 거대한 군사 기구를 돌리기 위해 무거운 세금들이 속주에 부과되었고, 엄청난 비용이 드는 군사 원정에 나갈 때는 세 부담이 천정부지로 치솟기도 했다. 때때로 세금이 농업이나 무역에서 이익을 남기기가 불가능한 수준까지 올라 세 부담을 피해 농민들이 땅을 떠나는 것을 막기 위한 법률이 별도로 필요할 정도였다. 이렇게 무지막지하고 변덕스러운 세금이 끼친 해악은 많은 관찰자에게 명백해 보였고, 수에토니우스가 기록했듯 티베리우스 황제에게도 그러했다.

현대의 조세 제도는 속주에서 세입을 끌어내던 로마의 변덕스러운 제도에 비하면 훨씬 더 명확하고 투명하다. 그러나 대다수 선진국의 과세 수준은 조세 정책이 잘못 설계될 경우 상당한 경제적 폐해를 야기할 수 있을 정도로 높은 상태다. 많은 OECD 나라가 실업이나 질병의 위험에 대비한 높은 수준의 사회보장 체계와 고령에 따른 비용 충당을 위한 값비싼 공적 보장 체계를 갖추고 있다. 이러한 공공 정책들을 유지하려면 소득과 소비에 많은 세금을 물리지 않으면 안 된다. OECD 나라들에서 세금은 국민 생산의 평균 34%를 차지하며, 스웨덴이나 프랑스처럼 특히 높은 수준의 사회보장 체계를 보유한 나라들에서는 세 부담이 국내총생산의 40%가 넘는다. 이번 장에서는 조세의 경제적 비용을 살펴보고, 어째서 그러한 비용이 단순히 세금 액수의 문제가 아닌지를 보일 것이다.

조세의 경제적 비용

조세는 자원(돈)을 납세자에게서 정부로 이전시킨다. 이 과정에서 크게 세 종류의 경제적 비용이 발생한다.

첫째, 조세의 '행정 비용'으로, 조세 제도를 운용하기 위해 정부가 소비하는 자원이다. 대부분의 나라에서 이 비용의 가장 큰 부분을 차지하는 것은 세무 당국의 예산이며, 세금을 징수하는 정부의 다른 부문에서도 비용이 발생할 수 있다. 예를 들어 미국 국세청Internal Revenue Service, IRS이 쓰는 운용 비용은 인구 1인당 약 40달러고, 영국 국세청Her Majesty's Revenue and Customs, HMRC의 경우 이 비용은 1인당 75파운드에 달한다. 두 나라에서 이와 같은 운용 비용은 총세수의 1%에 조금 못 미친다.

둘째, 납세자들은 현행 조세 제도와 상호작용하는 과

정에서 비용을 지불한다. 소득 신고서를 작성하거나 세무 당국과 소통하는 데 드는 시간, 그리고 어떤 경우에는 세무사를 고용하는 비용 등이 여기에 포함된다. 특히 복잡한 세금의 경우에는 납세자들이 물어야 하는 이러한 '순응 비용'compliance cost이 상당해질 수도 있다.

납세자가 치르는 순응 비용의 규모와 패턴에 대한 증거는 고르지 못하다. 미국에서는 개별 납세자들이 연평균 27시간을 주·지방소득세 처리에 쓴다고 추정된 바 있으며, 자영업자의 경우에는 사정이 더 복잡해 연 60시간을 들인다고 한다. 이러한 시간은 일을 하거나 여가를 즐기는 데 쓰일 수도 있었다는 의미에서 비용[경제적 기회비용]이다. 납세자 시간의 비용을 평가하고 여기에 회계사 비용을 덧붙이면 전체 조세 순응 비용이 나올 텐데, 미국에서 이는 개인소득세 하나에 대해서만 계산해도 연 800억 달러, 즉 인구 1인당 약 250달러에 이른다.

이에 비해 영국의 소득세 제도는 비교적 소수의 납세자에게만 매년 소득 신고서 작성 의무를 지운다. 대다수는 원천과세제도Pay-As-You-Earn, PAYE하에서 고용주를 통해 세금을 내기 때문이다. 이는 조세 순응 비용의 대부분을 고용주가 짊어진다는 뜻이다. 고용주가 지는 조세 순응 비용은 추정하기가 특히 까다로운데, 세무 활동에만 투입된 시간을 세금이 없더라도 처리해야 하는 재무 회계 업무에서 분리하기가 어렵기 때문이다. 그래도 영국의 개인소득세 및 사회보장기여금과 관련된 전반적인 순응 비용을 추정해 보면 최소한 연간 34억 파운드＝인구 1인당 60파운드＝총세수의 1.3% 정도가 된다. 여타 주요 세목, 즉 법인세와 부가가치세의 순응 비용은 이보다 훨씬 높아 각각 총세수의 2%와 4%에 이른다.

셋째, 한층 미묘한 조세 비용도 있다. 이런 비용들이 발생하는 까닭은 조세가 사람과 기업이 행동하는 방식을 변경시킬 수 있기 때문이다. 세금은 개인들로 하여금 세금이 없었더라면 하지 않았을 행위를 하도록 유도하는데, 바로 그런 의미에서 개별 주체의 의사 결정이나 행위상의 변화에는 비용이 수반된다고 할 수 있다. 경제학자들은 이러한 효과를 세금의 왜곡 효과distortionary effect라 부르고, 이렇게 세금에 의한 개별 주체들의 의사 결정 변화를 경제적으로 평가한 것을 조세의 왜곡 비용이라고 칭한다.

개별 주체의 행위에 왜곡을 가져오는 조세 비용을 뭉뚱그려 조세의 초과 부담excess burden이라는 개념으로 요약할 수 있다. 이 개념에는 행위에 영향을 주는 세금은 세금으로 걷히는 돈 이외의 비용을 납세자에게—그리하여 경제 전체에—부과한다는 생각이 깃들어 있다. '초과 부담'은 잘못된 세제로 발생하는 경제적 피해를 측정하는 하나의 방식으로서, 잘 설계된 조세 제도는 초과 부담을 최소한으로 묶어 두면서 필요한 세입을 거두어들이고자 한다. 경제학자들은 이를 세입 징수의 '효율성'efficiency이라고 표현한다. 일정한 세입을 최소한의 왜곡 비용으로 거두어들인다는 뜻이다.

공공 정책을 생각할 때 우리는 조세를 통해 추가적인 세입을 일으키는 데 따르는 한계 초과 부담, 즉 1파운드의 세입을 늘릴 때 발생하는 추가적인 왜곡 비용에 특별한 관심을 갖기도 한다. 초과 부담의 추정치는 매우 다양하지만, 대체로 대부분의 산업국에서 세금은 세입 1파운드당 최소 30펜스[30%]의 한계 초과 부담을 낳으며, 부실하게 설계된 조세의 경우에는 이 수치가 훨씬 커진다.

효율성과 '초과 부담'

조세의 왜곡 비용이 명확한 경우도 있다. 1696년에 잉글랜드에서 사람들이 사는 집의 창문 수에 따라 세금을 매기는 '창문세'가 도입되었을 때 이는 측정하기 쉽고 납세자의 부에 거의 비례해 세 부담을 분배할 수 있는 세금으로 여겨졌다. 그러나 이 세금은 도입된 뒤 부작용을 낳았다. 주택 소유자들이 세금을 줄이고자 집의 창문 일부를 틀어막았던 것이다. 이렇게 막힌 창문 몇몇은 오늘날에도 남아 있는데, 이는 세금이 어떻게 개인의 행위에 영향을 미치는지를 보여 주는 뚜렷한 증거다. 이렇게 세금 때문에 창문을 막아 버리는 행위의 비용은 명확하다. 사람들이 세금을 아끼기 위해 일정량의 빛과 안락함을 희생하며, 세금이 부과되지 않았더라면 누렸을 것보다

A VISION OF THE REPEAL OF THE WINDOW-TAX.

"HOLLO! OLD FELLOW; WE'RE GLAD TO SEE YOU HERE."

<그림 9> 조세의 왜곡 비용. 1850년 『펀치』*Punch*에 실린 이 만평은 창문세 폐지를 고대하는 노동자 아버지와 그의 가족을 보여주고 있다. 창문세 부담을 줄이고자 집주인들이 창문을 막아 버렸던 것이다[창문세는 이듬해인 1851년 폐지되었다].

더 어둡고 덜 매력적인 집에서 사는 것이다(<그림 9>). 이러한 편의성 희생의 비용을 측정하려면 막힌 창문이 있는 집에 살면서 사람들이 겪는 불편함과 불쾌함의 양을 알아야 하지만, 우리는 기껏해야 그 불편함이 가질 수 있는 최대값을 추정할 수 있을 뿐이다. 자기 집 창문을 막은 사람은 그로 인해 잃게 된 빛과 편안함보다 절세에 더 값어치를 둔다고 볼 수 있기 때문이다[즉 이런 사람들에게 불편함의 가치는 절세액과 같거나 그보다 작을 것이므로 그 절세액이 희생된 편리함의 최대값이라 할 수 있다].

4장 조세와 경제

마찬가지로 '단지 세금 때문에' 어떤 행위를 하는 사람들이 있는 것을 보면 조세 제도가 일정한 왜곡과 낭비를 낳는 것이 사실인 듯하다. 예를 들어 절세를 위해 시간과 돈을 쓰는 사람들―이를테면 세금이 낮은 프랑스에서 와인과 맥주를 사려고 영국해협을 건너는 값비싼 여행을 하는 사람들―이 가끔 있는데, 여기 드는 시간과 돈도 과세로 인해 낭비되는 자원이라 할 수 있다.

그러나 이렇게 조세 부과 때문에 개인 행위가 왜곡되는 명백한 사례들은 커다란 빙산의 일각일 뿐이다. 개별 주체의 행위에 영향을 끼치고 이를 변경시킬 잠재력은 대부분의 세금에 깃들어 있다. 재화와 서비스에 대한 세금은 생산물 가격에 영향을 미쳐 사람들의 구매 행위를 변경시킨다. 노동 소득에 대한 세금은 사람들이 얼마나 일할 것인지에 영향을 준다. 저축에 따른 이자 소득에 붙는 세금은 사람들의 저축량 또는 저축 형태에 영향을 미친다. 기업 이윤에 대한 세금은 기업의 근거지를 어디에 둘 것인지, 소유 형태와 자금 조달을 어떻게 할 것인지, 투자를 얼마나 할 것인지, 생산을 얼마나 할 것인지, 얼마나 많은 노동자를 고용할 것인지 등 기업의 의사 결정 전반에 영향을 미친다. 이렇게 개인과 기업의 행위에 세금이 영향을 미친다는 사실은 조세를 통해 세입을 거두는 과정에서 비용이 발생함을 의미한다. 개인과 기업은 세금이 없었을 때와는 다른 방식으로 행동하기를 선택한다. 이와 같은 행위상의 변화는 막힌 창문이 거주자

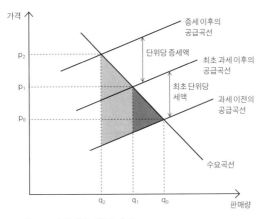

<그림 10> 판매세의 왜곡 비용.

에게 불쾌함과 불편함의 형태로 비용을 초래한 것과 정확히 같은 의미에서 조세의 비용이다.

조세 왜곡의 경제적 영향을 볼 수 있는 가장 직관적인 경우는 세금이 하나의 특정한 생산물에 붙을 때다(이하의 분석을 수요·공급곡선을 활용해 도식적으로 보고자 하는 독자는 <그림 10>을 보라. <상자 3>은 그 설명이다. 그림보다는 글로 된 설명을 좋아하는 독자는 이들을 건너뛰어도 무방하다). 세금의 영향이란 판매자가 판매된 생산물 하나당 받는 가격과 구매자가 소비된 생산물 하나당 지불하는 가격 사이에 격차―단위당 세율에 상응하는―를 만들어 낸다는 것이다[세금이 없다면 이 두 가격은 수요와 공급이 만나는 균형점에서 일치할 것이다]. 구매자는 세금을 포함한 가격에 의거해 자신의 구매량을

4장 조세와 경제

<상자 3> 판매세의 왜곡 비용: <그림 10>의 해석

이 도표는 어떤 재화에 부과된 단위당 판매세의 왜곡 비용을 보여 준다. 이것은 현재 우리가 고찰 중인 시장에 대한 영향만을 보는 '부분 균형' 분석으로, 이때 다른 생산물 시장이나 노동 등 생산 요소 시장에 대한 영향은 무시한다.

세금이 부과됨에 따라 판매량은 q_0에서 q_1로 떨어진다. 이러한 왜곡은 경제적 비용을 발생시키는데, 왜냐하면 세금이 부과되기 전에는 수익성 있게 행해졌던 몇몇 판매가 더 이상 이루어지지 않기 때문이다. 이렇게 사라진 판매 각각과 연계된 경제적 손실의 크기는 판매자가 판매하고자 했을 가격(공급표에 표시됨)과 구매자가 지불하고자 했을 가격(수요표에 표시됨) 사이의 차이와 같다. 진한 음영으로 표시된 삼각형 면적이 사라진 판매로 야기된 총손실을 나타낸다. 이것은 사라진 생산자 잉여와 소비자 잉여의 합과 같다.

단위당 세율이 두 배가 되면 판매량은 q_2로 떨어진다. 여기서는 수요곡선과 공급곡선이 직선으로 가정되어 있으므로, 추가적인 판매량 감소분은 처음에 세금이 부과되었을 때의 감소분과 같다. 그러나 옅은 음영으로 표시된 추가적인 왜곡 비용은 처음의 왜곡 비용보다 훨씬 크다. 한계 초과 부담이 평균 초과 부담보다 높은 것이다.

결정하고 생산자는 세금을 공제한 가격에 따라 얼마만큼을 생산해 판매용으로 내놓을지 결정한다. 이러한 격차는 만약 세금이 없었더라면 행해졌을 일정 수의 판매가 세금 때문에 사라졌음을 의미한다. 이렇게 사라진 판매는 그러한 판매가 성사되었더라면 발생했을 이득에 상응하는 경제적 손실이 존재함을 가리킨다.

예를 들어 어떤 사람이 실내 장식업자를 불러 집에 페인트칠을 하기로 결정하고 이에 1,000유로까지 지불하기로 마음먹었다고 하자. 만약 이보다 가격이 높으면 그는 이 돈을 다른 데 쓸 것이다. 장식업자가 이익을 남길 수 있는 최소한의 가격이 900유로라면, 세금이 없는 상태에서는 구매자와 판매자가 합의할 수 있는 가격이 존재한다. 현재의 경우 그 가격은 900~1,000유로 사이일 것이다. 이때 구매자와 판매자 간의 거래를 통해 100유로의 순 이득이 발생한다. 집주인 입장에서는 1,000유로까지 지불할 용의가 있는 작업이 수행되었고, 장식업자로서는 900유로만 넘으면 어떤 가격에든 할 만한 가치가 있는 작업을 한 셈이다(이 100유로의 이득이 구매자와 판매자 간에 어떻게 나뉠지는 그들이 합의한 가격에 달려 있지만, 어떻게 나뉘든 현재의 분석에는 영향을 미치지 않는다). 그러나 만약 장식업자가 청구된 금액의 20%를 세금으로 납부하도록 요구받는다면, 그가 받을 최소 가격이 1,080유로로 변경될 것이다. 이제 집주인과 장식업자가 합의할 수 있는 가격은 없다. 세금을 포함해 장식업자가 받을 수 있는 최소 가격이 집주인이 지불할 용의가 있는 최고 가격보다 높기 때문이다. 세금이 이들 간의 협상을 '왜곡'한 것이다. 이제 서로에게 이익을 낳는 거래가 불가능해졌고, 결과적으로 세금 없이 거래가 성사되었다면 양자가 공유했을 100유로의 이득이라는 형태로 경제적 손실―'왜곡 비용'―이 초래된 셈이다.

4장 조세와 경제

재화나 서비스에 세금을 물리면 경제적 비용이 발생한다. 이 비용은 세금 때문에 불발된 거래에서 나왔을 이득이다. 이러한 왜곡 비용은 부과된 세금의 크기, 그리고 세금이 구매자와 판매자의 행위에 미치는 영향에 좌우될 것이다. 세금 부과의 결과 구매자는 종전보다 높은 가격에 맞닥뜨릴 것이므로 더 적은 양의 상품을 구매하고자 할 것이다. 또한 판매자가 세금을 제하고 받을 가격도 낮아져 그가 이윤을 남기면서 공급할 수 있는 양도 줄어들 것이다. 세금 수준이 주어져 있을 때, 세금이 거래량에 미치는 영향이 클수록 그러한 거래를 통한 경제적 이득의 상실이라는 측면에서 경제적 비용도 커진다. 이와 같은 수요와 공급의 변화는 흔히 수요와 공급의 탄력성, 즉 가격 변화에 대한 수요와 공급의 반응성이라는 개념으로 요약된다. 세율이 일정할 때 수요와 공급이 탄력적일수록, 다시 말해 구매자와 판매자가 가격 변화에 더 민감하게 반응할수록 조세의 왜곡 비용은 더높을 것이다.

최적 상품세

세금 때문에 발생하는 초과 부담은 세율에 따라, 그리고 세금이 부과되는 시장의 성격에 따라 크기가 다르다. 다른 모든 조건이 같다면 더 높은 세율은 훨씬 더 높은 초과 부담으로 연결된다. 개략적으로 말해 초과 부담은 세율의 제곱으로 높아지는 경향이 있다. 즉 세율이 두 배가 되면 초과 부담은 네 배가 된다. 또 초과 부담은 시장의 특성에 따라 달라지기도 한다. 조세의 왜곡 비용은 가격에 더 민감한 시장, 곧 세율 상승에 따라 수요나 공급 또는 둘 모두가 현저히 줄어드는 시장에서 더 높다.

위의 두 주장을 종합하면 조세는 (어떤 단일 과세 대상에 지나치게 높은 세율을 적용시키는 것을 피하기 위해) 과세 대상이 폭넓게 정의되고, 시장의 특성들을 반영하도록 차별화되어야 좋다고 할 수 있다. 경제학자이자 수학자였던 프랭크 램지는 1930년대 초에 조세경제학에서 가장 고전적인 결론 중의 하나를 발표했다. 일정액의 수입을 필요로 하는 어떤 정부가 그 필요를 판매세 부과만으로 충족시킬 수 있다고 하자. 램지는 이 정부가 상이한 재화와 서비스에 상이한 세율을 설정함으로써 전체 초과 부담을 최소화할 수 있다는 것을 보였다. 그의 제안을 상품세율에 대한 '역탄력성' 법칙'inverse elasticity' rule이라고 부른다. 이에 따르면 재화와 서비스는 그 수요·공급의 탄력성에 반비례하는 세율로 과세되어야 한다. 달리 말하면 일정한 세율이 적용되었을 때 거래량에 큰 변화가 생기는 생산물은 같은 세율이 거래량에 영향을 덜 미치는 생산물보다 낮은 세율로 과세되어야 한다는 얘기다.

램지의 획기적인 저작은 최적 과세 이론이라는 경제 연구의 새로운 영역을 열어젖혔다. 이 분야의 방대한 문헌들은 다음과 같은 질문을 던진다. 일정한 세입을 최소의 경제적 비용으로 거두려면 어떤 유형의 세금이 도입되어야 하는가? 이어서 문헌들은 다음과 같은 더욱 복잡한 질문으로 나아간다. 세수 확보상의 효율성과 조세 부담 분배상의 공정성 사이에서 바람직한 균형을 달성하려면 어떤 유형의 세금이 도입되어야 하는가?

판매세는 품목에 따라 가변적이어야 한다는 램지의 최초 결과는 실제로는 매우 취약하고 가용한 조세 수단이 어디까지냐에 크게 의존하는 것으로 밝혀졌다. 특히 소비와 함께 소득도 과세될 경우 상이한 재화와 서비스에 상이한 세율을 설정하는 것의 의의가 크게 줄어든다. 따라서 경제학자들은 단일한 판매세, 곧 모든 재화와 서비스에 동일한 세율을 적용하는 쪽으로 방향을 틀었다. 여기에는 판매세 관련 조세 행정을 훨씬 단순하게 만든다는 중요한 실행상의 장점도 있다. 소득세 체계가 정교하게 발달한 나라에서는 재화와 서비스에 상이한 세금을 부과해서 얻을 수 있는 경제적 이득이 상대적으로 작을 것이고, 이에 덧붙여 상이한 세율은 추가적인 행정 비용까지 발생시킬 것이다.

토지세 옹호론

정부가 수입을 거두기 위해 사용하는 대부분의 세금은 시장 행위에 일정한 왜곡을 가져온다. 소득세, 급여세,

부가가치세와 같은 판매세, 기업이윤세[법인세] 등 모두가 다양한 방식으로 경제 행위에 영향을 미친다. 이것들은 수입을 올리는 과정에서 많든 적든 경제적 비용을 발생시킨다. 우리가 이 점을 이해한다면 조세 정책은 타협의 문제가 된다. 경제 활동을 가장 덜 교란시키면서 필요한 세입을 거두는 조세 유형을 찾아내는 타협 말이다. 개별 세금으로 수입을 끌어낼 때 발생하는 경제적 비용은 세율보다 크게 증가하는 경향이 있다. 그러므로 전체 경제적 비용을 최소화하도록 고안된 조세 제도라면 징세에 따르는 부담을 여러 세목 간에 골고루 분산시킬 것이다. 이때 각 세목은 가용한 다른 모든 개별 세목보다 적은 비용으로 수입을 올릴 수 있는 한에서만 채용될 것이다. 한계 초과 부담이 세목마다 다를 경우에는 왜곡 비용이 낮은 세목을 더 많이 사용함으로써 수입을 거두는 데 따르는 전반적인 비용을 줄일 수 있다. 여러 세목이 가장 효율적으로 어우러진 조세 체계란 추가적인 1파운드의 수입을 어떤 세목에서 거두어들이든 똑같은 크기의 한계 초과 부담이 발생하는 체계를 의미한다.

그런데 왜곡 비용을 전혀 발생시키지 않는 세금도 있다. 인두세와 토지 가치에 대한 세금이 그것이다.

인두세는 인구 1인당 일정액의 형태를 취한다. 이 세금은 납세자가 바꿀 수 있는 어떤 것에도 묶여 있지 않기 때문에 납세자의 행위에 어떤 왜곡도 발생시키지 않고 세입을 거둘 수 있다. 납세자는 세액만큼 가난해지겠

<그림 11> 공정하지 않은 과세. '공동체 부과금'Community Charge
에 반대하는 대중 집회.* 공동체세는 영국에서 지방정부 수입을
위해 1990년에 도입된 인두세의 일종으로, 1993년 폐지되었다.

지만, 결코 그 이상은 아니다.

그러나 현실에서 이러한 인두세는 거의 쓰이지 않는
데 그 이유는 쉽게 이해할 수 있다. 인두세가 개인 행위를 왜곡하지 않고 수입을 거두려면, 개인이 행하는 결정에 영향을 받지 않아야 한다. 납세자의 소득도 고려되지 않아서 그가 부유한지 가난한지와는 전혀 무관하게 세금이 적용되어야 한다. 인두세의 이러한 원리적인 불공정성과 가난한 이들의 지불 능력을 배려하지 않는 무거운 세 부담 때문에 역사를 통틀어 인두세 부과는 저항을 불러일으켰다(〈그림 11〉). 순전히 실행상의 문제 하나를 덧붙이면, 인두세가 실행 가능하고 부자와 빈자 모두에게 똑같이 징수될 수 있으려면 매우 낮은 수준에서 설정되어야 한다는 것이다. 따라서 수입 징수력으로 치면 다른 대부분의 세금이 현저하게 더 크다. 이 세금들은 직접적으로든 간접적으로든 납세자의 지불 능력에 따라 가변적으로 적용되기 때문이다.

인두세가 경제적 비용을 초래하지 않게 만드는 핵심적인 특징은 그것이 각 개인에게 고정된 액수를 부담시킨다는 것이다. 하지만 이것이 반드시 각 개인이 같은 액수를 지불한다는 뜻은 아니다. 중요한 것은 각자가 내는 액수가 그들이 행하는 그 어떤 결정에도 영향을 받지

✳ 과거 영국의 지방정부는 재정 조달을 위해 재산세를 걷었다. 이 재산세는 원래 부동산 가치에 비례해 결정되었는데, 1980년대 보수당 정부는 이를 인두세 성격의 단일 세율 세금으로 바꾸게 된다. 스코틀랜드에는 1989년에, 잉글랜드와 웨일스에는 1990년에 도입된 이 세금('공동체 부과금')은 격렬한 대중 저항을 야기했고, 결국 보수당 집권을 끝내는 데 결정적으로 기여했다고 여겨진다. 6장(140쪽)도 참고하라.

않는다는 점이다. 완전히 임의적이거나 키 혹은 눈 색깔처럼 한 개인의 바꿀 수 없는 신체적 속성에 따라 결정되는 세금은 기괴하리만치 불공정해 보이기는 할지언정 그 어떤 왜곡 비용도 수반하지 않을 것이다. 운이 나쁜 납세자는 다른 이들보다 많은 액수를 지불해야 할지 모르지만 이런 사정을 바꾸기 위해 그가 할 수 있는 일은 없고, 따라서 세금이 그의 의사 결정을 왜곡할 가능성도 전혀 없다. 같은 이야기를 조금 더 심각하게 발전시켜, 사람들이 타고나는 고유한 재능이 그들의 미래 소득에 영향을 미칠 수 있으며 우리가 그 특성들을 볼 수 있고 또 그에 의거해 세금을 매길 수 있다고 해 보자. 그러면 우리는 그 무엇보다 효율적이면서도 공정한 세금을 고안할 수 있을 것이다. 이 세금은 개개인이 바꿀 수 없는 특성에 의거하므로 효율적이며[왜곡 비용을 발생시키지 않으며], 미래에 돈을 더 많이 벌 잠재력이 있는 사람에게 그런 잠재력이 낮은 사람보다 더 무겁게 과세할 수 있을 것이기에 형평성도 있다. 그러나 슬프게도 우리에게는 미래의 소득 잠재력을 관찰할 수 있는 그 어떤 믿음직스런 수단도 없다. 그리하여 우리는 현재의 소득에 세금을 물리는 것이고, 이에 따라 왜곡 비용이 발생하는 것이다.

　인두세 이외에 왜곡 비용을 초래하지 않고 수입을 거둘 수 있는 또 하나의 세금이 있다. 19세기 말 미국의 급진적 저술가이자 정치사상가 헨리 조지는 정부 재정의 유일한 세입 기반으로 토지 가치에 대한 세금을 주장해 주목을 받았다. 조지는 다양한 각도에서 자신의 논거를 내세웠는데, 이를테면 맨해튼 시가의 높은 지가는 소유자가 아니라 그 위치와 이를 둘러싼 경제 활동에 의해 창출되었다는 것이다. 그에 따르면 지주들은 지대를 자신의 노동과 노력으로 얻는 게 아니며, 그저 타인이 만든 가치를 수동적으로 수취할 뿐이다.

조지가 내세운 주장의 핵심은 다른 세금들과 달리 토지세는 생산 활동을 위태롭게 하지 않는다는 것이다. 이는 그저 지주에게 돌아갈 지대의 일부가 정부에 돌아간다는 뜻일 따름이다. 조세의 왜곡 비용에 관한 앞서의 논의에 비추어 보면 왜 그런지를 이해할 수 있다. 거기서 우리는 조세의 왜곡 비용이 과세된 재화의 수요·공급 탄력성과 관련됨을 보았다. 만약 수요나 공급 중에서 어느 하나가 완전히 비탄력적이라면, 세금이 붙어도 판매량에는 변화가 없을 것이고 해당 재화는 어떤 왜곡도 없이 과세될 수 있을 것이다. 토지는 공급이 제한되어 있기 때문에 토지에 대한 세금은 사용되는 토지량에 영향을 미치지 않을 것이다. 적어도 세금이 해당 토지의 경제적 가치보다, 즉 그로부터 발생하는 지대보다 낮은 한에서는 말이다. 원칙상 지주에게 돌아가는 지대는 어떤 왜곡 비용도 발생시키지 않으면서 완전히 세금으로 걷힐 수 있다.

조지가 펼친 주장의 이 대목은 흠잡을 데가 전혀 없

다. 그렇다면 우리가 토지세를 정부 활동의 자금원으로 적극 사용하지 않는 까닭은 무엇인가? 두 가지 이유를 떠올릴 수 있다. 하나는 단순한 대답으로, 정치적 권력과 영향력의 문제가 있다. 정부 주변에서는 지주들의 목소리가 헨리 조지 같은 운동가 또는 관련 경제학자의 주장보다 더 가깝게 들리기 마련이다. 하지만 다음과 같은 둘째 이유가 훨씬 결정적일 것이다. 토지에 지속적으로 높은 수준의 세금을 부과하면서도 경제적 왜곡 비용을 발생시키지 않는 것이 가능하다고 해도, 그 세금이 누구에게도 피해를 주지 않고 도입될 수 있지는 않다는 것이다. 토지 소유자와 잠재적 구매자에게 토지의 가치란 그것을 소유한 덕분에 발생할 미래 이득들의 흐름이다. 토지 소유로 얻을 수 있는 지대가 앞으로는 조세의 형태로 정부에 귀속된다면, 토지의 가치는 모든 현재 및 미래 세금이 자본화된 액수[즉 현재 및 미래에 물 세금의 현재 가치]만큼 급격히 떨어질 것이다. 달리 말하면 토지에 대한 조세 정책 변화가 현재의 토지 소유자에게 온전히 영향을 미칠 테고, 그는 현재 자신이 소유한 자산의 가치가 급격히 떨어지는 상황을 감수해야 할 것이다.

토지세 변화의 효과는 우리가 앞서 본 더 일반적인 원리에 대한 예시를 제공한다. 자산에 대한 과세의 변화는 그에 따라 변화할 현재 및 미래 세금의 총현재 가치만큼의 현저한 자산 가치 변화를 야기하리라는 것이다. 물적 또는 금융적 자산에 대한 세제의 변경은 현재 그것을 소유하고 있는 이들에게 상당한 자본 손실을 야기할 것이고, 따라서 이런 세제 개혁이 아무리 매력적이더라도 정부로서는 그러한 변경이 야기할 자산 가치의 혼란을 경계하지 않을 수 없다.

조세와 노동 시장

끝으로 살펴볼 것은 노동 시장에 대한 조세의 경제적 영향, 곧 노동에 대한 세금이 발생시키는 왜곡·억제 효과라는 이슈다. 노동 시장은 잠재적으로 조세 정책이 가장 중요한 경제적 비용을 야기할 수 있는 영역이다. 그 이유는 엄청난 양의 수입이 피고용인 소득에 직접 부과되는 세금(소득세와 사회보장기여금)으로 거두어들여지기 때문이기도 하고, 다른 세금들―특히 재화와 서비스의 판매에 부과되는 세금―의 부담 중 상당 부분을 피고용인이 지게 됨에 따라 결과적으로 노동 시장의 인센티브와 행위에 영향을 미치기 때문이기도 하다.

우리는 이번 장 앞부분에서 개별 재화에 판매세를 부과할 때의 경제적 비용을 분석했다. 이와 거의 똑같은 틀을 사용해 노동 소득에 붙는 세금으로 초래되는 경제적 비용을 생각해 볼 수 있다. 앞서와 마찬가지로 노동에 붙는 세금의 효과는 시장 양편의 행위, 곧 수요와 공급의 상호작용 양상에 따라 결정된다. 노동 시장에서 이는 고용주의 노동 수요와 개인의 노동 공급 사이의 상호작용 문제다.

노동 수요—주어진 임금률[예를 들어 시급]에 기업이 제공하고자 하는 고용량—에 관한 한 세금이 급여와 노동 소득에 미치는 영향은 명확하다. 고용주가 주어진 급여 명세서에 더 많은 세금을 내야 한다고 하자. 이에 따라 노동자 한 명을 고용하는 데 드는 총노동 비용이 높아질 것이고 노동에 대한 수요는 줄어들 것이다. 노동 비용이 낮았을 때 이윤이 남던 일부 생산은 노동 비용 상승에 따라 수지가 안 맞게 된다.

세금이 노동 시장의 반대편, 곧 노동 공급에 미치는 영향은 한층 복잡하다. 여기서 개인은 일을 할지 말지, 한다면 얼마나 할지를 결정하는데, 이런 결정 자체도 그리고 세금이 거기에 영향을 미치는 방식도 [수요 측면에 비해] 더욱 복잡하다. 이를 이해하기 위해 한 시간 더 추가로 일할지 말지 고민하는 이의 '한계에서의' 선택을 떠올려 보자. 이런 쉬운 예에서 출발해 일을 하느냐 마느냐에 대한 결정, 곧 '비한계적' 결정으로 범위를 넓혀 나가자.

이미 고용되어 있는 사람이 한 시간 더 일할지 말지를 결정할 기회를 갖게 되었다고 치자. 몇 시간 일할 것인지에 대한 선택을 고용주가 그에게 일임했을 수도 있고, 한 시간 초과 노동을 제안했을 수도 있다. 한 시간을 추가로 더 일할지에 대한 결정에는 일련의 금전적·비금전적 요소가 반영될 텐데, 각 요소에 부여될 중요성은 사람마다 다를 것이다. 그 결정에는 한 시간 더 일하는 데 따른 불편과 비용(자녀 양육과 관련된 추가적인 비용과 곤란함, 식사 준비나 기타 가사에 쓸 시간의 부족, 짧아진 여가 등)이 반영될 것이다. 또한 이들이 일에서 느끼는 즐거움 따위도 반영될 것이다. 추가적인 한 시간의 일이 재밌고 보람찬가, 아니면 따분하고 단조로운가? 마지막으로 그 결정은 금전적 결과, 즉 추가적인 노동을 통해 이들이 얻을 추가적인 금액에도 영향을 받을 것이다. 세금이 고려되는 것이 바로 이 대목으로, 다음 두 측면을 따져 보아야 한다. 첫째는 소득세 때문에 노동자가 받는 임금이 줄어든다는 사실이다. 즉 세금을 뺀 순 임금이 고용주가 지불한 총임금보다 낮아진다. 둘째는 판매세 때문에 사람들이 벌어들이는 단위 화폐의 구매력이 줄어들고 추가적인 한 시간 노동으로 구매할 수 있는 재화와 서비스의 양도 줄어든다는 사실이다. 이 문제와 관련해 당분간 우리는 소득세 측면에만 관심을 집중할 것이다. 판매세 측면은 나중에 다루자.

흔히 소득세가 '근로 유인 저하'disincentive 효과를 낸다고들 말한다. 그러나 곧 드러나겠지만 소득세가 언제나 개인이 일하고자 하는 양을 줄이는 방향으로 작용하는 것은 아니다. 노동 소득에 대한 세금은 실제로는 경제학자들이 '대체' 효과와 '소득' 효과라 부르는 두 가지 효과를 내며, 이 둘이 작용하는 방향이 반드시 일치하지는 않는다.

대체 효과는 노동 소득에 대한 세금이 한계선상에서 노동의 매력도에 영향을 끼치기 때문에 발생한다. 달리 말해 한 시간 추가 노동으로 얻는 이득을 그 대안—이를테면 더 많은 여가—과 견주어 감소시킨다는 것이다. 소득세의 대체 효과가 노동 공급을 줄이는 방향으로 작용함은 분명하다. 만약 소득세 상승이 그 대상자의 전반적인 생활 수준은 변경시키지 않고 오직 한 시간 더 일할지 말지를 선택하는 데 영향을 주는 방식으로만 실행될 수 있다면, 추가 세금은 분명 근로 유인을 떨어뜨리는 요인으로 작용할 것이며 추가로 한 시간 더 일하고자 할 사람은 거의 없을 것이다.

하지만 소득세의 대체 효과는 전체 이야기의 일부일 뿐이다. 둘째 효과, 즉 소득 효과도 고려해야 한다. 노동 소득에 대한 세금의 인상은 또한 세금으로 제해지는 추가적인 액수만큼 노동자를 가난하게 만든다. 이때 추가적인 세금은 마지막 한 시간만이 아니라 그가 일한 모든 시간에서 떨어져 나갈 것이다. 일반적으로 우리는 이것이 대체 효과와는 반대 방향으로 작용하리라고 예측할 수 있다. 더 가난해진 노동자는 줄어든 소득의 일부를 보전하기 위해 더 오래 일하고자 할 것이기 때문이다. 즉 그는 자신의 물적 생활 수준을 유지하기 위해 비노동 시간—'여가 시간'—의 일부를 희생하고자 할 것이다. 실제로 소득 효과가 충분히 강하다면 그것이 대체 효과를 능가하는 것도 불가능하지는 않다. 만약 그렇다면 전체적으로 소득세 인상은 사람들이 일하고자 하는 시간을 줄이기보다는 늘리는 방향으로 작용할 것이다. 하지만 실증적 증거에 따르면 현실에서는 소득 효과가 극히 사소해서 세금에 대한 반응의 크기를 줄이기는 해도 그 방향을 바꾸는 정도는 아니다.

노동 공급과 관련된 모든 결정을 이러한 한계 분석의 틀로 다룰 수는 없다. 자신이 정확히 몇 시간 일할 것인지를 나름의 합리성을 가지고 자유롭게 결정하는 노동자도 분명 있을 것이다. 이들은 추가적인 한 시간 노동의 비용과 편익을 한계선상에서 잘 고려해 노동 시간에 관한 결정을 내릴 것이다. 그러나 많은 노동자가 그러지 않는다. 다수의 일자리에서 노동 시간은 미리 정해져 있고, 몇 시간 일할지에 대한 선택권을 노동자가 갖는 경우는 아주 드물다. 이렇기 때문에 이들의 결정은 노동 시간에 대한 한계선상의 결정보다는 '참여' 결정—일을 할 것인지 말 것인지—이 되곤 한다. 이렇다 해도 결정에 영향을 미치는 요인들은 크게 다르지 않지만, 노동자의 결정은 전부-아니면-전무all-or-nothing 결정이 되고, 이 결정은 한 시간 추가 노동에 따른 한계 순 소득 및 기타 결과들만이 아니라 노동에 따른 비용과 편익의 총액에 좌우된다.

이는 세금이 실업수당 같은 사회적 수당과 어떻게 상호작용하는지를 고려할 때 특히 중요하다. 사람들의 참여 결정에서 한계 세율은 고용에 따른 전반적인 세 부담, 즉 평균 세율보다 덜 중요하다. 이에 덧붙여 일을 그만두었을 때 사회적 수당을 받을 자격이 되는 사람들에게는 이 수당의 수준도 선택에 영향을 미칠 것이다.

세율 인상이 노동 공급에 영향을 미칠 수 있음을 알아냈다고 해서 사람들이 일을 할지 말지, 한다면 얼마나 할지 등의 문제에 세금이 중요한 영향을 미친다는 점이 증명되는 것은 아니다. 조세 정책은 세금의 영향에 대한 증거, 그리고 세금이 현실의 노동 시장에서 사람들이 실제로 행동하는 방식에 미치는 영향을 보여 주는 증거에 기반을 두어야 한다.

다행스럽게도 이 분야는 최근 커다란 진전을 일구었다. 정교한 연구 방법이 고안되었고, 이 방법이 많은 나라에서 수집된 상세한 자료에 응용되고 있다. 소득세가 개인의 고용 및 노동 패턴에 미치는 영향의 규모와 양상을 둘러싸고 폭넓은 의견 일치가 현재 만들어져 있다. 전체적으로 그리고 평균적으로 세금이 노동 공급을 줄인다고 여겨지지만, 그 영향은 상이한 인구 집단에서 크게 차이가 난다.

대체로 증거에 따르면 세금은 남성과 자녀 없는 여성의 노동 공급에는 거의 영향을 미치지 않는다. 이들 대부분은 풀타임으로 고용되어 있고, 자신의 노동 시간을 변경시킬 기회도 거의 없기 때문이다.

이에 비하면 소득 잠재력이 낮은 저임금-저숙련 남녀의 경우 이들이 노동을 할지 말지에 세금(과 사회적 수당)이 영향을 끼친다는 증거는 있는 편이다. 그러나 세금이 고용되어 있는 이들의 노동 시간에 영향을 미친다는 증거는 많지 않다.

세금이 노동 형태에 미치는 영향은 두 개의 인구 집단, 곧 학령기 자녀가 있는 여성과 50세 이상 장년층에서 매우 크게 나타난다. 이 두 집단에서 소득에 대한 과세는 노동 시장 참여와 노동 시간을 꽤 유의미하게 줄이는 것으로 보인다.

형평성과 효율성

한계 소득세율이 고용에 부정적인 영향을 미치는 한에서 소득세 정책은 부자와 빈자 간의 분배적 형평성 달성과 과세의 효율성 비용—근로 유인 저하 효과와 노동 행태에 대한 기타 왜곡들—최소화 사이의 첨예한 그리고 대체로 불가피한 상충 관계에 직면하지 않을 수 없다. 노동소득세의 왜곡 효과를 최소화하는 조세 정책은 보통 소득 분배상의 불평등을 심화시키며 빈부 격차 축소에는 기여하는 바가 거의 없다.

소득세로 인해 노동 시장이 얼마나 왜곡될지는 한계 소득세율에 따라 결정될 것이므로, 조세의 왜곡 효과를 최소화하려면 주어진 세입 목표액에 대해 가능한 최저의 한계 세율을 부과해야 할 것이다.

일정한 면세 소득과 단일한 한계 세율—면세 소득을

넘어서는 모든 소득에 적용되는—로 이루어진 단순한 소득세 체계를 상정하면 형평성과 효율성의 상충 관계를 이해하기가 쉽다. 이런 형태의 소득세 체계에서는 소득 면세점을 높임으로써 소득세의 분배적 누진성을 높일 수 있다. 그러나 이때 종전과 같은 수준의 세수를 거두려면 면세점 이상 소득에 대한 한계 세율도 인상되어야 한다. 결국 더 큰 누진성, 즉 더 높은 형평성은 더 큰 왜곡 효과, 즉 징세상의 '효율성' 저하를 대가로 달성되는 것이다.

그러니까 조세 정책은 형평성과 경제적 효율성이라는 두 가지 근본적인 목표 사이에서 일정한 타협을 포함하게 마련이다. 둘 사이 어디에 균형을 맞출지는 우리가 조세 정책에서 분배적 형평성에 얼마나 비중을 두느냐에 좌우될 것이다. 형평성에 비중을 더 많이 둘수록 노동 시장의 비효율과 왜곡이라는 비용을 받아들여야 한다. 소득 면세점을 높게 잡으면 누진성이 높아지지만 노동 시장의 왜곡은 더욱 커진다. 반면 면세점을 낮추면 누진성이 덜하지만 한계 세율을 낮출 수 있어 왜곡은 줄어든다.

미국 경제학자 아서 오쿤은 이와 같은 형평성과 효율성 간의 상충 관계를 새는 물통에 비유한 것으로 유명하다. 소득은 부유한 사람들에게서 가난한 사람들에게 이전될 수 있지만, 여기 사용되는 물통에 구멍이 나 있어 이전 과정에서 일정액의 소득이 유실된다는 것이다. 우리는 얼마나 큰 구멍을 용인할 준비가 되어 있는가? 높은 경제적 공정성에는 너무 많은 비용이 든다고 쉽게 단정하기에 앞서 이런 질문을 던져야 한다고 그는 말한다. 오쿤 자신은 가난한 이들에게 이전되는 1달러당 60센트까지는 구멍을 용인할 수 있다고 제안했다.

왜곡 효과가 최소화된 소득세는 소득세라고 할 수도 없다. 사실 가장 극단적인 형태의 소득세가 인두세다. 이는 한계 세율이 0이고 소득 면세점이 음의 큰 값을 가져 모든 납세자가 소득 수준과 관계없이 동일한 액수의 세액을 지불하는 극단적인 형태의 소득세다. 모든 세금이 이러한 무왜곡 형태를 취해야 한다고 주장하는 전문가는—가장 극단적인 자유시장주의자 중에도—거의 없다. 소득 관련 세금이 경제적 비용을 야기하기는 하지만 세 부담 분배의 공정성은 사회적 유대와 공공의 동의를 유지하는 데 중요한 역할을 수행한다. 조세 정책을 입안할 때 모든 결정은 형평성과 효율성이라는 상충하는 주장을 현실적으로 적절히 배합해 이루어진다. 정치적으로 의견이 갈리는 것도 주로 양자 간의 균형을 어디에서 잡을 것이냐에 대해서다.

노동 시장에서의 조세 격차

3장에서 우리는 세금이 노동 시장의 양편 어느 쪽에 붙어도 똑같은 세 부담 귀착을 예측할 수 있는 이유를 살펴보았다. 마찬가지로 고용으로 발생하는 소득에 대한 전체적인 한계 세율은 임금에 대해 고용주와 피고용인이 지불하는 세금으로 구성된다.

임금 또는 노동 소득에 세금이 붙는다는 것은 노동자를 한 시간 더 고용할 때 고용주가 지불하는 비용이 그 한 시간의 임금으로 노동자가 얻는 추가적인 이득보다 큼을 의미한다. 이는 임금에 대한 세금이 고용주에게 부과되든 노동자에게 부과되든 상관없이 사실이다. 만약 세금이 고용주에게 부과된다면 노동자를 한 시간 추가로 고용하는 총비용은 임금과 세금의 합일 것이고, 이때 노동자는 임금만을 받을 것이다. 만약 세금이 노동자에게 소득세로 부과된다면 고용주가 치르는 비용은 총임금이지만 노동자에게 돌아가는 이득은 세금 지불 뒤의 순 임금일 것이다.

고용주가 지불하는 금액과 노동자가 받는 금액 사이의 차이를 노동 시장에서의 '조세 격차'tax wedge라고 부른다.* 세금 때문에 고용주의 비용과 노동자의 이득이 분리된다는 의미에서 그렇다.

〈그림 12〉는 몇몇 OECD 나라의 전반적인 한계 조세 격차를 보여 준다. 조세 격차는 소득 수준에 따라, 그리

* 여기서 '격차'로 번역한 wedge는 어떤 물체의 틈에 박아 넣어 틈을 벌리게 만드는 도구, 즉 '쐐기'를 의미한다. 세금이 마치 쐐기처럼 고용주가 지불한 액수와 노동자가 받는 액수 사이에 박혀 양자를 차이 나게 만드는 역할을 한다는 것이다.

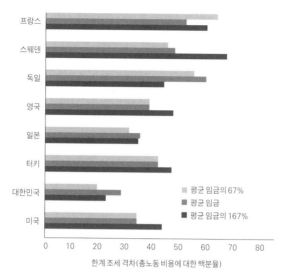

프랑스
스웨덴
독일
영국
일본
터키
대한민국
미국

■ 평균 임금의 67%
■ 평균 임금
■ 평균 임금의 167%

0   10   20   30   40   50   60   70   80

한계 조세 격차(총노동 비용에 대한 백분율)

〈그림 12〉 다양한 소득 수준의, 자녀 없는 단신 노동자에 대한 한계 조세 격차(소득세+사회보장세). 일부 OECD 나라의 2010년 자료에 의거.

주의: 여기서 나라들은 2012년 GDP 대비 조세 비율이 높은 순으로 배열되어 있음.

고 어떤 경우에는 피고용인의 가족 구성에 따라서도 차이가 나기 때문에, 여기서 조세 격차는 특정 유형의 노동자를 상정해 계산되었다. 우리는 자녀 없는 단신 노동자로서 각국에서 평균의 3분의 2, 평균, 평균의 3분의 5 등 세 가지 상이한 수준의 임금을 받는 노동자를 상정했다. 나라마다 전반적인 조세 부담 수준이 다름을 감안하더라도 고용 소득에 대한 한계 조세 격차 및 조세 격차의 임금 수준별 차이 면에서 나라들은 상당히 다른 모습을 보인다. 몇몇 나라에서는 고소득에서 한계 조세 격차가 더 높은 반면 다른 패턴을 보이는 나라도 있다.

상이한 소득 수준에서 한계 조세 격차가 고르게 나타난다고 해서 꼭 좋은 것은 아니다. 이번 장 앞부분에서 확인했듯 세금이 사람들의 노동 행태에 미치는 영향은 특정 노동 집단에서 더 강하다. 따라서 저숙련, 자녀 없는 여성, 고령 노동자같이 높은 한계 소득세율에 민감한 이들에게는 높은 세율이 적용되지 않도록 조세 정책을 설계하는 것이 각별히 중요할 것이다.

소득세와 사회수당 정책 간의 상호작용

소득 순위 맨 밑바닥에 속한 이들의 노동 유인을 유지하기 위해서는 조세·수당 정책에 상당한 제약을 가하지 않을 수 없다.* 여기서 노동 유인은 소득세의 영향만 받는 것이 아니다. 실제로 많은 나라에서 저임금 노동자들은 소득세를 거의 내지 않는다. 노동 공급의 억제 가능성은 소득세와 소득 연계 사회수당의 효과가 중첩되어 발생한다. [일례로 어디에도 고용되지 않은 채 사회수당만 받다가 취업한 사람의 경우] 임금에 대해 추가적인

---

 * 여기서 사회수당이란 국가로부터 빈민에게 무상으로 제공되는 현금 급여 등을 의미한다. 이런 수당은 소득이 일정 수준을 넘으면 받을 수 없으므로 '소득 연계 사회수당'이라고 부르기도 한다.

세금이 지불되는 것으로 끝나지 않고 소득 증가에 따라 소득과 연계된 수당까지 끊길 수가 있는 것이다. 그러면 고용 소득에서 공제되는 실질적인 총비율이 상당해질 수 있으며, 이 비율은 저소득층 이외의 사람들이 지불하는 세율보다 훨씬 높을 수 있다.

예를 들어 많은 나라에서 일자리가 없는 이들은 일정한 형태의 사회보험이나 공적 부조를 제공받는다. 그리하여 새로 일자리를 얻은 실업자는 임금을 벌기 시작하면서 실업수당 수급 자격을 잃는다. 극단적인 경우 이들은 일을 하지 않을 때 더 부유할 수도 있다. 소득에서 세금을 빼면 실업수당보다 적어질 수도 있으니 말이다. 이런 상황을 방지하는 것이 늘 쉬운 일은 아니다. 수급 자격을 결정하는 데는 수급 신청자가 돌봐야 하는 자녀나 다른 부양 가족의 수가 고려되기 때문이다. 만약 수당이 규모가 큰 가구의 생계를 그런대로 유지할 수 있을 정도라면 이는 저임금 일자리에서 얻을 수 있는 순 소득보다 높을 가능성이 크다. 소득세의 존재가 이런 가능성을 배가시킨다. 하지만 소득 창출 능력이 매우 낮은 사람들이 고용을 통해 소득을 획득하게끔 만드는 데 있어 소득세는 [어차피 이들에게 적용될 소득세율이 매우 낮을 것이므로] 중요한 역할을 하지 않는다.

최근 OECD에서 장기간 실업 상태에 있다가 일자리를 구한 저임금 노동자가 직면하게 되는 '노동 시장 참여 세율'participation tax rate—즉 소득세와 수당 상실액

4장 조세와 경제

의 합계—을 추정한 자료를 보면, '참여 세율'이 일반인이 직면하는 한계 소득세율보다 훨씬 높은 경우가 흔하다. 영국, 프랑스, 독일에서 '참여 세율'은 그러한 저임금 노동자가 받게 될 임금의 60~80%에 이른다.* 이 가운데 3분의 1 정도만이 소득세와 사회보장기여금이고, 실업 중에 받던 수당의 상실이 노동자 임금의 절반가량을 세금으로 추가 납부하는 것이나 마찬가지 효과를 낸다.

이 문제는 저임금 노동자가 일자리를 얻더라도 기존에 받던 사회적 부조의 적어도 일부를 계속 받게 해 줌으로써 완화할 수 있다. 수당 지급액을 수급자 자신의 소득 또는 그의 가구 소득에 연동시키는 것이다. 수급 자격을 이런 식으로 연장함으로써 일을 시작하거나 소득이 일정한 문턱을 넘어선 사람이 직면하는 갑작스러운 수당 지급 중단을 방지할 수 있다. 수당의 철회가 점진적으로 이루어지면 소득 증가에 따라 수당 지급액이 서서히 줄어든다. 이러한 점진적 철회는 갑작스런 철회에 수반되는 커다란 노동 기피 효과를 방지하지만, 그것이 가능한 이유는 수급 자격이 완전히 사라지는 지점까

---

* 실업 상태에 있으면서 60만 원의 실업수당을 받던 사람이 일자리를 얻었다고 하자. 이제 그는 월 100만 원의 소득을 거두는 대신 기존 실업수당을 받지 못할 뿐 아니라 소득세 10만 원까지 납부해야 한다. 이때 그에게 적용되는 명목 소득세율은 10%지만, 이 노동자 입장에선 100만 원을 벌어 70만 원을 떼인 셈이라 사실상 세율은 70%가 된다.

지 소득 증가에 발맞추어 근로 억제 유인이 조금씩 분산되기 때문이다. 하지만 이 경우 조금이라도 부조를 받는 가구의 수가 늘기 때문에 공적 비용의 증가가 뒤따른다. 또한 수당이 조금씩이나마 철회되는 사람도 많아질 텐데, 이런 이들의 실질적인 한계 세율은 명목상의 소득세율 이상으로 인상된다. 이러한 [부정적인] 결과들이 실업 상태의 노동자가 저임금 일자리나마 취할 유인을 높인다는 미덕과 맞바꿀 가치가 있을까? 그 대답은 상이한 환경에 놓인 사람들의 노동 행태가 높은 실효 세율에 얼마나 영향을 받을 것인지를 평가해야만 얻을 수 있을 텐데, 이는 어려운 문제다. 딜레마에서 벗어날 수 있는 쉬운 길은 없다.

소비세는 노동 유인을 덜 감퇴시키는가

소득세를 부가가치세 같은 소비세로 돌림으로써 노동 소득에 대한 높은 세금 부과로 인한 근로 유인 손상을 줄일 수 있다고 제안하는 사람들이 종종 있다. 분명 부가가치세는 상당한 세수 조달 능력을 가졌고, 그것이 거두어들일 세수는 임금에 대한 소득세를 크게 줄일 여지를 만들 수 있다. 그러나 이와 같은 조세 패턴 전환이 노동 시장에서 발생하는 세금의 왜곡 효과를 방지한다고 생각하면 잘못이다. 소비 지출에 부과되는 세금도 소득에 대한 세금과 똑같은 방식으로 추가적인 한 시간 노동에서 얻은 수입으로 구매할 수 있는 재화와 서비스의 양을 줄이기 때문이다.

소비세는 노동 소득에 대한 세 부담을 얼마나 가중시킬까? 특히 한계 세율을 얼마나 높일까? 이에 대한 대답은 추가적인 소득을 벌어들일 때 노동자 각자의 소비 패턴이 어떻게 변하는지에 달려 있기 때문에 직관적으로는 알 수 없다. 그러나 2005년에 대한 OECD 자료에 따르면 평균적으로 소비세는 소득에 대한 조세 격차에 6.7%(포인트)를 덧붙여, OECD 나라들에서 전체 조세 격차를 평균 38.6%에서 45.3%로 높이는 것으로 나타났다. 소비의 상당 부분에서 부가가치세 영세율이 적용되고 있는 영국의 경우 소비에 대한 부가가치세 및 물품세[개별소비세]를 계산에 넣으면 소득에 대한 조세 격차가 34%에서 39.5%로 높아진다.

세수 증대를 위해 한계 소득세율을 높이나 부가가치세율을 높이나 노동 시장에 가해지는 왜곡 효과는 비슷하지만, 소득세와 판매세(부가가치세 등) 사이에는 두 가지 중요한 차이가 있다.

첫째, 이 둘은 상이한 세대의 이해관계에 상이한 영향을 미친다. 소득세에서 소비세로의 전환은 젊은 세대보다는 상대적으로 나이 든 세대에게 불리하게 작용한다. 특히 이미 과세된 소득을 저축해 둔 은퇴자는 소비에 대한 세 부담까지 높아지는 상황에 직면하는 반면, 젊은 세대에게 이 같은 세제 전환은 별 차이가 없을 것이다.

둘째 차이는 소득세가 소득 수준에 따라 누진적으로 부담될 때, 이를테면 소득 면세점이 높게 설정될 경우에 발생한다. 이 경우 한계 소득세율(왜곡의 양을 결정)이 평균 소득세율(소득세로 거두어들여지는 세수 총액을 결정)보다 훨씬 높은 경향이 있다. 반면 판매세는 대개 모든 소비에 똑같이 적용되고 주어진 세수에 대해 [소득세에 비해] 낮은 한계 세율을 나타낸다. 그 결과 세수 총액을 같게 유지하면서 소득세를 부가가치세로 전환하면 소득에 대한 전체적인 한계 조세 격차가 줄어들게 된다. 그러나 이렇게 되는 것은 오직 소비에 대한 세금이 소득세보다 덜 누진적이고 한계 세율이 낮기 때문이다. 소득세를 부가가치세로 돌리자는 이들이 주장하는 전체 한계 조세 격차의 축소는 조세 체계를 덜 분배적으로 만듦으로써 달성될 수 있을 뿐이다. 그러한 세제 전환을 옹호하는 이들은 이런 측면을 좀처럼 명시적으로 드러내지 않는다.

5장
탈세와 조세 집행

사람들이 내야 할 세액을 명확히 결정해 주는 것은 조세 정책의 중요한 역할이다. 그러나 조세 정책의 진정한 실효성은 사람들이 내야 할 세금을 실제로 내게 만드는 데 있다. 효율적이고 공정하게 세수를 걷는 데 있어 조세 제도의 실무적인 작동과 집행은 조세의 구조와 세율만큼이나 중요하다. 성실한 조세 순응은 적절히 작동하는 국가를 혼란스럽고 비효율적인 국가로부터 상당 정도로 구별해 주는 요인이다. 예를 들어 그리스와 독일은 많은 세목을 공통적으로 채용하고 있다. 두 나라에서 조세 제도의 작동과 관련해 가장 두드러진 차이는 탈세의 정도다.

이번 장은 세 가지 관점에서 탈세 문제를 살펴볼 것이다. 첫째, 납세자의 관점이다. 사람들은 왜 그리고 어떻게 탈세를 하는가? 둘째, 경제의 관점이다. 탈세를 통해 상실되는 세수의 양을 어떻게 측정할 것인가? 셋째, 과세 당국의 관점이다. 탈세를 어떻게 통제할 것인가?

개인의 탈세

올리버 웬들 홈스 주니어는 미국의 뛰어난 연방대법관으로, 영국 정치인 해럴드 래스키에게 다음과 같은 편지를 쓴 것으로 유명하다. "저는 누구보다도 세금을 잘 냅니다. 돈이 올바로 쓰이든 잘못 쓰이든 상관없이 그 대가로 문명화된 사회를 갖게 될 것이기 때문입니다." 하지만 인터넷을 대충만 검색해 봐도 세금 납부를 향한 홈스의 열정을 공유하지 않는 사람이 많음을 알 수 있으리라. 이들은 세금에 대한 경멸을 매우 노골적으로 표명하기도 한다. 많은 이가 세금이 문명 사회를 유지하는 비용이라는 홈스의 견해를 수용하겠지만, 그 비용을 타인이 내길 바라면서 자기 세금은 최소화하려는 유혹을 느끼는 사람 역시 많다.

이러한 유혹은 어떻게 생겨나는 걸까? 그리고 무엇이 사람들로 하여금 거기에 굴복하게끔 만드는 것일까?

얼마나 많은 사람이 탈세하고자 하는지, 그리고 이들이 얼마나 많은 세금을 과세 당국의 손에 들어가지 않게 하는 데 성공하는지는 크게 세 가지 요소에 의해 결정되는 듯이 보인다. 가장 중요할 수 있는 첫째 요인은 사람들이 자기가 내는 세금에 영향을 미칠 수 있는 기회를 갖는지 여부다. 많은 조세 제도는 대부분의 납세자에게 탈세할 여지를 아예 주지 않는다. 이들의 소득에 붙는 세금은 고용주 손에서, 또는 그들에게 이자를 지급하는 은행을 통해 원천적으로 과세되고, 이 사람들은 거기에 손도 댈 수 없다. 납세자들이 세금 납부액을 통제하는 것이 가능하다고 하자. 이때 이들이 총소득 중 어느 정도를 신고하고 납부 의무액 중 어느 정도를 실제로 납부할지는 다음 두 요인에 따라 결정될 것이다. 하나는 이 과정과 결부된 위험과 편익에 대한 그들의 평가고 다른 하나는 도덕적·심리적·사회적 압력의 복합적인 작용이다.

탈세의 기회

대부분의 탈세는 납세자—개인이건 기업이건—가 소득이나 소비를 세무 당국에 신고하도록 요구될 때 발생한다. 이는 보통 연간 소득 신고 형태를 취한다. 소득 신고서는 이전 한 해 동안의 소득 또는 판매 내역을 납세 의무와 관련된 기타 정보와 함께 기입해 정해진 기한 내에 작성(하고 제출)해야 한다.

탈세의 기회는 소득 신고서에 잘못되거나 불완전하게 기술했는데도 과세 당국이 이의를 제기하지 않는 데서 발생한다. 이것은 단순한 과소 신고, 그러니까 납세자가 실제로 받은 것보다 낮은 소득을, 판매세의 경우에는 실제보다 적은 판매액을 신고하는 문제일 수도 있다. 또는 개인은 소득공제 및 세액공제 금액을 과장하거나 잘못 신고함으로써 세 부담액을 줄이고자 할 수 있다.

만약 소득세 제도에서 기부금을 세액이 계산되기 전에 총소득에서 공제하도록 허용하고 있다면[소득공제], 납세자는 자선 목적으로 기부한 액수를 과장해 세액을 줄이고자 할 수 있다. 만약 주택 담보 대출 이자나 자녀 학비, 통근 교통비가 소득세에서 공제된다면[세액공제], 납세자는 실제보다 더 높은 비용을 기입할 수 있다. 그러나 이 모든 경우에 일이 벌어지는 기본적인 절차는 똑같다. 납세자가 세 부담액을 낮출 수 있는 잘못된 정보를 제공한 뒤 운 좋게도 세무 당국이 거짓을 발견하지 못하기를 기다리는 것이다.

선진국에서는 드물지만 탈세는 과세 당국의 시야를 벗어나 완전히 숨겨진 채로 벌어지기도 한다. 과세 당국이 그 존재를 전혀 모르게 하면서 개인들이 일을 하거나 업체를 꾸려 사업을 벌일 수 있는데, 이를 몇몇 조세 당국은 '유령'이라 일컫는다. 그러나 풀타임으로 고용되어 있거나 사업을 하는 개인이 상당 기간 과세 당국에 자신의 존재를 숨기기란 거의 불가능하다. 유령들은 경제의 주변부에서 단시간 동안 낮은 소득을 거두며 활동하는 경우가 많으므로 거기서 발생하는 세금 납부액은 그리 크지 않다.

모든 세금이 납세자 개개인에게 똑같은 탈세 기회를 주는 것은 아니다. 피고용인의 소득 과소 신고 범위는 매우 제한되어 있는 것이 사실이다. 많은 조세 체계에서 고용주는 자신이 고용한 직원에게 임금으로 지급한 소

<그림 13> 1986년에 미국 국세청 직원들이 소득 신고서를 처리하는 모습. 최근 50년 사이 컴퓨터와 정보 기술이 급속히 발전한 덕분에 세무 행정은 환골탈태를 했고 세무 행정을 훨씬 효율적으로 집행할 수 있는 기회가 열렸다.

득액을 신고하도록 요구받으며, 과세 당국은 이 자료를 가지고 납세자가 소득 신고서에 기입한 숫자를 거듭 점검한다(<그림 13>).

실제로 많은 조세 제도는 이보다 더 나아가 고용주에게 임금 지불액에서 세금을 아예 빼 놓았다가 과세 당국에 직접 보내도록 의무를 지우고 있다. 아주 작은 기업을 제외하면 고용주와 직원이 서로 짜고 임금 지불액을 장기간 허위로 신고하기는 쉽지 않다. 불만을 품은 직원 하나가 이러한 조작이 있다며 '호루라기'를 불면 끝장이다. 그리하여 피고용인이 임금 소득에 부과된 세금을 탈루할 기회는 소득·세액공제액을 과장해 신고하는 정도로 제한되며, 만약 조세 제도가 별도의 보고와 확인이 가능할 때만 공제를 허용한다면 이런 행위의 범위조차도 제한될 수 있다.

또한 많은 나라가 은행 이자 같은 투자 소득에 대한 납세자 신고를 크로스체크할 수 있는 보고 체계를 갖추고 있다. 납세자가 투자 소득에 부과된 세금을 탈루하는 데 이용할 수 있는 유일한 기회는 투자를 해외에, 곧 자국 과세 당국의 직접적 감시 범위 바깥에 숨기는 것이다. 하지만 그런 조작은 과세 당국이 정보를 입수하기만 하면 처참하게 실패할 수 있다. 최근 많은 유럽 나라가 리히텐슈타인이나 스위스의 금융 기관에 미신고 계좌를 가지고 있는 자국 납세자의 세부 정보가 든 컴퓨터 디스크를 입수했다. 몇몇 유럽국은 이를 이용해 강력한 조사를 거친 뒤 탈세자들을 기소하고 있다.

대조적으로 거의 모든 조세 제도가 자영업자—혼자 일하거나 소규모 비법인 사업체를 운영하는 사람—의 탈세에는 훨씬 더 취약하다. 그럴 수밖에 없는 중요한 이유는 자영업자들이 당국에 보고되는 정보를 더 쉽게 통제할 수 있기 때문이다. 이들에게는 자기 소득을 당국에 별도로 신고할 고용주도 없다. 또한 자영업자 소득의 정의는 피고용인의 경우보다 더 복잡하고 훨씬 애매모호해서 판단이 개입하지 않을 수 없는데, 그 판단이란 사람마다 상이한 견해를 갖더라도 이상하지 않을 정도다. 진짜 소득과 가짜 소득을 가르는 경계가 명확하지 않으므로 자영업 납세자는 이러한 애매모호함을 이용할 여지를 갖는다.

예를 들어 대부분의 조세 제도는 자영업자가 사업에 필요한 설비와 재료에 드는 비용을 총소득에서 공제할 수 있도록 해 주고 있다. 그래서 이들은 이런 비용들을 과장해 납부 세액을 줄일 수 있다. 사업 비용과 개인 소비 사이의 경계는 실제로 매우 불명확할 수 있다. 일례로 집에서 장사를 하는 자영업자의 집과 가구, 전화 요금, 자동차, 기타 소비 중 얼마만큼을 그 사람의 사업비로 간주해야 할까? 경계가 이렇게 애매모호할 때 어지간해서는 자영업자 자신이 내린 판단에 과세 당국이 이의를 제기하기가 어렵다.

부가가치세 같은 판매세의 경우 다양한 방식의 탈세가 가능하다. 판매는 과소 신고될 수 있고, 이를 뒷받침하는 허위 장부가 과세 당국에 제출될 수 있다. 상이한 범주의 재화와 서비스에 상이한 세율이 적용되는 시스템에서는 낮은 세율을 적용받는 품목의 판매 비율을 과장해 기업의 납부 세액을 줄이는 것도 가능하다. 나아가 부가가치세 체계에서는 기업의 판매에 붙는 세금이 그 기업이 구매한 재화와 서비스에 지불된 세액만큼 공제되기 때문에, 구매액을 과장함으로써 내야 할 세금을 줄일 수도 있다. 물론 많은 과세 당국이 이를 모르는 바가 아니므로 판매액에 비해 구매액을 지나치게 많이 신고한 기업에는 이의를 제기할 것이다. 그렇기에 이러한 방식으로 기업이 줄일 수 있는 세액에는 상한선이 있지만, 어느 정도의 포탈 가능성은 분명 존재한다.

부정한 회계와 결합된 판매세 포탈은 재정적 문제들이 개인 소유주의 개인적 통제 아래 단단히 묶여 있는 소기업에서 아마도 가장 만연할 것이다. 큰 회사는 회계 조작을 통해 판매를 숨기는 데 따르는 위험이 크다. 그 조작에 직원들이 연루될 것이고, 이 점이 기업에 추가적인 위험이 될 것이기 때문이다. 회사의 소득을 세무 당국에 숨기기 위한 속임수가 도리어 그 직원들의 축재 수단으로 이용될 수도 있다. 이때 피해를 입는 것은 고용주일 텐데, 이런 식으로 재무 통제력을 잃을 위험을 택할 기업은 별로 없을 것이다.

몇몇 작은 회사는 당국의 부가가치세 담당자 눈을 피할 수도 있다. 그러니까 이들은 소득세에서 말하는 '유령'에 해당하는 셈이다. 그러나 부가가치세 체계에서는 유령의 출현이 좀처럼 허용되지 않는다. 적어도 부가가치세 납부 의무가 있는 업체에 제품을 공급하는 기업의 경우에는 그렇다. 부가가치세를 내는 기업들은 사실상 자신의 모든 구매에 대해 부가가치세 환급을 신청할 수 있으므로, 자신에게 부가가치세를 물리지 않는 공급자에게서 구매해도 특별히 이로울 게 없다. 또한 면세된 제품을 구매할 경우 세무 신고를 할 때 곤란한 질문을 받을 가능성도 있다. 이를 두고 부가가치세가 자기 강제력을 지닌 세금이라고 말하는 것—부가가치세의 초기 옹호자들이 그랬듯—은 지나치겠지만, 분명 이러한 성격은 부가가치세 '유령들'이 기업보다는 개인 고객에게 판매하는 소규모 업체일 가능성이 큼을 의미한다. 연간 매출액이 꽤 높은 문턱(현재 8만 5,000파운드)을 넘어야 기업이 부가가치세를 내게 되어 있는 영국 같은 나라에서는 이러한 소규모 부가가치세 유령들 때문에 상실되는 세금 수입액이 적은 편이다.

속임수와 탈세로 부가가치세 수입이 유실되는 훨씬 큰 원천이 최근 많은 주목을 받았다. 유럽 나라들의 부가가치세 체계에는 수출되는 상품에 붙은 부가가치세를 환급해 주는 제도가 있는데, 이를 악용한 대형 범죄로 수십억 유로가 유출되고 있었던 것이다. 즉 같은 상품이 반복해 수출되고 수입되는 식으로 회전목마처럼 인위적인 거래들을 꾸미는 것인데, 이때 상품이 수출될 때마다 부가가치세 환급이 요구된다. 이러한 속임수를 특히 경계해야 하는 까닭은 잠재적으로 이것이 무한히 행해질 수 있기 때문이다. 소득세에 대한 속임수나 탈세는 최악의 경우 세수를 영으로 만들 뿐이다. 이와 달리 위와 같은 수출–부가가치세 환급 사기는 실제로는 애초에 납부되지도 않은 세금을 '환급'받는 것으로, 적발되지 않으면 부가가치세 세수를 영 이하까지 끌어내릴 수도 있다. 다행히도 이에 대응해 취해진 조치들이 이런 사기의 증식을 적어도 당분간은 막고 있는 듯하다.

법인세와 관련된 노골적인 사기와 탈세에 의한 세수

손실은 아래에서 다룰 두 가지 형태의 세수 손실에 비해 덜 두드러진다. 이 둘은 탈세보다는 조세 회피[절세]의 범주에 든다. 탈세는 명백한 불법이지만, 조세 회피는 정의부터가 쉽지 않다. 이는 현행 세법 체계의 한도 안에서 납세자가 세 부담액이 최소화되도록 자신의 업무를 조직하는 것이다. 따라서 원칙상 조세 회피는 전적으로 법의 조항에 부합한다. 물론 법의 정신에 부합한다고는 할 수 없다. 많은 조세 회피 행위가 탈세를 주목적으로 꾸며진 인위적인 상황을 이용하니 말이다.

상당한 법인세수가 상실되는 큰 이유는 기업들이 조세 제도와 세법상의 허점, 불명확한 경계, 애매모호함을 공격적으로 이용하기 때문이다. 이들은 엄청난 자원을 법적 조치에 쏟아부을 만반의 준비가 되어 있다. 이렇게 공격적으로 세무 전략을 짜는 기업들은 종종 법적 다툼에 투자하는 자원 대비 엄청난 수익을 거둔다. 이들은 많은 경우 조세 당국이 자신의 법적 무기에 대항할 수 없거나 대항하기를 꺼린다는 사실도 잘 알고 있다. 사회적 차원에서 문제는 이런 싸움 탓에 생산적으로 쓰일 수 있는 자원이 낭비된다는 것이다. 법률가들은 실질적인 가치가 있는 무언가를 생산하는 데 참여하는 것이 아니라 공적 영역으로부터 기업의 호주머니로 자원을 이동시키는 데, 또는 그런 이동을 막는 데 개입하게 된다. 조세 당국은 소송에서 싸우는 데 어느 정도나 공공 자금을 들여야 할 것이냐는 까다로운 결정을 내려야 한다. 추가적인 세수를 거둘 수 있는 보다 쉽고 덜 낭비적인 방안들이 있는데도 말이다. 분명 공격적인 세무 전략과 투기적인 법정 분쟁이 없는 세상은 지금보다 더 나으리라. 그러나 이런 행위들이 본질적으로는 합법적이기 때문에 이를 금지할 방법이 마땅치가 않다. 세법이 명확하고 허점이 거의 없다면 좋겠지만 그게 말처럼 쉽지가 않다.

국제적인 조세 회피를 통해서도 엄청난 세수가 상실된다. 다국적 기업들은 비즈니스를 벌이는 나라들에서 세 부담을 최소화할 수 있도록 활동을 조정할 기회를, 그리고 벌어들이는 이윤을 세율이 낮은 나라와 세금을 전혀 내지 않을 수도 있는 조세 도피처로 옮길 기회를 갖게 된다. 수많은 메커니즘을 통해 이윤을 이동시킬 수 있는데, 특히 이전 가격 조작transfer pricing—상이한 나라에 등록된 자회사들 간의 내부 거래에 적용되는 가격을 조작하는 행위—을 활용하는 방법과 기업의 지적 재산—재산권이나 특허권 등—사용료를 활용하는 방법이 있다. 두 경우 모두에서 세율이 높은 나라에 있는 사업체가 내부 거래를 통해 높은 가격으로 구매하면, 그 고세율국에서 벌어들인 이윤이 줄어드는 대신 세율이 낮은 곳에 있는 사업체로 이윤이 옮겨질 수 있다.

탈세에 따른 개인의 위험과 이득

기회가 주어진다고 모두가 탈세하지는 않는다. 그렇다

면 무엇이 개별 납세자로 하여금 탈세를 결정하게 만드는가? 이때 그는 얼마나 탈세할 것인가? 간단한 경제학 모형을 이용하면 몇 가지 통찰을 얻을 수 있다. 이 모형에서 개인들은 탈세를 할지 말지, 한다면 얼마나 할지를 비용과 편익을 비교해 결정하게 된다. 즉 한편으로 납부세액 축소의 측면에서 탈세의 편익이, 다른 한편으로는 적발되어 처벌받을 위험이 고려되는 것이다.

이러한 경제학 모형을 가장 간단하게 표현하기 위해 일회성 수입—이를테면 1,000파운드—이 생긴 개인을 상정해 보자. 그는 이 수입을 정직하게 신고할지 아니면 받지 않은 척할지 결정할 것이다. 일단 도덕적 고려를 제쳐 두면 그는 거짓말할 때의 결과들, 곧 탈세에 성공할 때 기대할 수 있는 절세액과 실패할 때 받게 될 처벌 등을 가늠해 볼 것이다. 세율을 20%로 놓고, 탈세가 적발될 경우 세액을 납부해야 할 뿐 아니라 세액의 두 배에 해당하는 벌금도 매겨진다고 하자. 그러면 탈세는 적발되지 않으면 200파운드의 절세액 형태로 이익이 될 것이지만, 적발되면 400파운드의 비용을 초래할 것이다. 두 경우에 각각의 액수는 그 대안, 즉 산출된 세액을 정직하게 납부하는 경우와 비교될 것이다. 탈세가 가져올 결과의 계산에서 한 가지 중요한 요소는 적발되어 처벌받을 위험을 어떻게 평가할 것이냐다. 만약 적발 확률이 충분히 높다면 잠재적 탈세자는 잠재적 절세액이 그에 따르는 위험을 감수할 정도의 가치는 없다고 생각할 것이다.

이 예에서 만약 저 개인이 적발될 위험을 3분의 1 이상으로 추정한다면, 평균적으로 탈세를 통해 얻을 순 이득은 없을 것이다.* 만약 탈세자의 절반이 붙잡히는 상황이라면, 그가 세금을 내지 않고 빠져나갈 확률은 50 대 50이며, 성공할 경우 200파운드의 세금을 아끼게 된다. 그러나 동시에 적발될 확률도 50 대 50인데, 적발되면 세금뿐 아니라 절약할 수도 있었던 세액의 두 배에 상당하는 벌금도 내야 한다. 이 경우 탈세가 감행할 가치가 없다는 것은 명백하다. 만약 적발 확률이 정확히 1 대 3이라면, 그는 3분의 1 확률로 400파운드를 잃는 것과 3분의 2 확률로 200파운드를 얻는 것을 견주어 봐야 할 것이다. 결과의 위험성에 개의치 않는 개인에게는 이

---

* 위 단락에서 설명된 대로 탈세를 고려하고 있는 사람은 탈세를 통해 얻을 수 있는 이득의 기대값을 탈세하지 않았을 때의 이득과 비교해 탈세 여부를 결정할 것이다. 이때 탈세할 경우 적발 확률을 P라고 하면(단 0<P<1), 이 사람은 P의 확률로 600파운드(세금 200파운드＋벌금 400파운드)를 내거나 (1-P)의 확률로 0파운드를 내게 된다. 다시 말해 이 사람이 탈세할 때 이득의 기대값(E)은 다음과 같이 계산된다.

$$E = P*(-600) + (1-P)*0 = -600P$$

이 값이 정직하게 세금을 낼 경우(200파운드 지출)보다 크면 그는 탈세하고자 할 것이다. 즉

$$E = -600P > -200$$

부등식을 풀면 P < 1/3이다. 다시 말해 적발될 확률이 3분의 1보다 낮으면 그는 탈세를 감행할 것이다.

러한 위험 수준이 순응과 탈세 사이의 정확한 경계 지점일 것이다. 즉 이보다 조금만 더 적발 확률이 높으면 그는 순응할 것이고 적발 확률이 조금이라도 낮으면 탈세할 것이다. 왜냐하면 평균적으로 (즉 확률을 고려해 좋은 결과와 나쁜 결과를 평균하면) 그는 탈세로 이득을 얻기를 기대할 수 있기 때문이다.

그러나 '위험 기피적'인 사람들—같은 수준이라면 예측되지 않은 소득보다는 확정된 소득을 선호하는 사람들—은 탈세로 야기될 불확실한 결과보다는 순응의 확실성을 선택할 것이다. 위험 기피 성향이 큰 사람일수록 탈세를 감행하기 위해서는 더 낮은 적발 확률을 필요로 한다. 이런 이들은 탈세에 따른 보수가 준법적인 조세 순응의 보수보다 평균적으로 현저히 높지 않으면 위험이 따르는 일은 고려조차 하지 않을 것이기 때문이다.

세액이 확정된 상태에서의 일회성 탈세라는 단순한 틀을 벗어나면 분석은 더 복잡해진다. 예를 들어 개인들은 단순히 '예/아니오'식의 결정뿐 아니라 다양한 탈세 선택지를 가질 수도 있다. 납부해야 할 세액 전부가 아니라 일부만 탈세할 수도 있겠다. 이 옵션은 이들이 매우 위험한 결과는 감당하지 못해도 더 낮은 수준의 위험은 받아들일 준비가 되어 있을 때 선호될 것이다. 또 사람들의 결정은 적발 확률과 탈세액의 관계에 대한 판단에도 영향을 받을 수 있다. 이를테면 그들은 매우 큰 미신고 소득을 숨기는 것이 고만고만한 액수를 숨기는 일보다 어렵다고 생각할 수 있다. 그리고 사람들의 결정은 적발된 이들에 대한 처벌 수준이 사기의 규모에 따라 얼마나 커지느냐에도 영향을 받는다. 만약 탈세액에 상관없이 똑같은 처벌이 내려진다면 소액 탈세자는 별로 없으리라고 예측할 수 있다. 반면 탈세액이 클수록 처벌 수준이 가파르게 가중된다면 거액 탈세에 비해 소액 탈세가 덜 위험해질 것이다.

일회성이 아니라 정기적이고 지속적인 탈세 기회가 납세자에게 제공된다면 사정이 더욱 복잡해진다. 이 경우 어떤 특정한 해에 납세자가 탈세를 할 것인지 말 것인지를 결정할 때 그해의 적발 및 처벌 확률뿐 아니라 탈세 적발의 장기적인 결과까지도 고려되어야 할 것이다. 만약 과세 당국이 탈세 기록이 있는 사람에게 더 많은 주의를 기울인다고 알려져 있다면 적발에 따른 벌칙의 총량은 벌금액 그 자체보다 훨씬 더 클 것이다. 그에 따라 미래의 성공적인 탈세 기회도 줄어들 것이기 때문이다.

뒤에서 살펴보겠지만 이러한 분석에서 드러나는 몇 가지 특성은 조세 당국이 세무 집행을 위한 효과적인 전략을 디자인하는 데 도움을 줄 수 있다. 그러나 이 경제학 모형에 나오는 기본 줄거리—납세자가 탈세의 이득, 적발의 위험, 적발되었을 때의 처벌을 가늠해 탈세 결정을 내린다는—는 실제 탈세 수준을 만족스럽게 설명해주지 못한다. 대부분의 산업국에서 세무 조사—탈세 가능성이 있는 이들에 대한 조사―대상이 되는 납세자의 비율은 대체로 매우 낮고, 탈세에 대한 벌칙도 비교적 경미하다. 탈세액이 크지 않은 사람들은 형사 처분을 받지도 않으며, 많은 경우 그저 탈세액의 몇 배에 이르는 행정적 벌금만 물면 그만이다. 사람들은 순전히 적발당할지 모른다는 두려움이나 벌금 때문에 순순히 세금을 내는 것일까? 만약 그렇다면 세무 조사의 실제 비율이나 벌금액만으로는 인구 전체에서 나타나는 높은 수준의 조세 순응을 충분히 설명할 수 없다. 순응하지 않았을 때의 위험이 그렇게 작은데도 대다수 사람이 세금을 군말 없이 납부하는 까닭은 무엇일까?

한 가지 가능한 대답은 많은 납세자가 위험 기피적이어서 위험이 따르는 탈세 도박보다는 조세 순응을 통한 확실성을 선호한다는 것이다. 그러나 이러한 대답은 다른 위험한 활동―기업가의 투자에서 스키 같은 운동에 이르기까지―과 관련해 관찰되는 사람들의 일반적인 행동 패턴에 배치된다. 대부분의 사람은 위험 기피적이지만, 이러한 위험 기피도가 현실의 높은 조세 순응을 설명할 수 있을 정도는 아니다.

납세자들이 탈세와 연관된 위험을 과대평가하고 있다는 설명도 가능하다. 사람들은 과세 당국이 실제보다 더 감시 능력이 뛰어나다거나 탈세에 대한 처벌이 실제보다 훨씬 더 혹독하다고 믿고 있을지 모른다. 이러한 해석에도 일말의 진실은 있겠지만, 현실에서 나타나는 [높은] 수준의 조세 순응을 설명하기에 충분할 정도로 큰 오해가 장기간 지속될 것 같지는 않다. 분명 사람들은 탈세의 위험이 낮다는 사실을 자기 자신이나 친구, 이웃의 경험으로 배울 것이다. 위험 기피 성향이나 오해가 아니라면, 조세 순응 정도가 상당히 높은 수준에서 꾸준히 유지되는 상황을 무엇으로 설명할 수 있을까?

이미 우리는 이 질문에 대한 대답의 일부를 보았다. 여러 나라의 조세 체계에서 영국의 PAYE와 같은 원천 과세 제도가 광범위하게 쓰이고 있다는 것이다. 고용으로 발생하는 소득에 대한 세금은 고용주에게서 직접 징수된다. 임금이나 은행 이자 지급의 경우에는 과세 당국에 보고될 것이므로 납세자가 소득을 과소 신고했다가는 즉시 발각될 것이다. 상당한 탈세 범위를 실제로 가질 수 있는 납세자는 매우 소수에 지나지 않고, 적발될 확률이나 벌칙은 그 소수에게나 의미가 있을 따름이다. 뿐만 아니라 탈세 가능성이 자영업자 같은 소규모의 납세자 집단에만 주어진다면, 당국은 제한된 자원을 그러한 납세자를 빈번하고도 강력하게 감시하는 데 집중할 수 있을 것이다.

높은 수준의 조세 순응에 대한 또 하나의 설명은 탈세 결정에는 도덕적·심리적 요인이 중요한 역할을 한다는 것이다. 어떤 납세자는 적발과 처벌이 두려워서가 아니라 도덕적 의무감 내지는 '시민적 책무' 때문에 순응할지도 모르고, 또 어떤 납세자는 지역 사회에서의 명성이나 자기 나름대로 가지고 있는 자아상을 생각해 순응하기도 할 것이다. 몇몇 논자는 이와 같은 사회적·심리적 요인이 탈세의 위험과 보상에 대한 기회주의적 계산만큼이나 실제의 납세자 행동을 이해하는 데 중요하다고 주장한다.

도덕적·심리적·사회적 영향

"정부가 당신의 세금을 쓰는 방식이 마음에 들지 않으면 소득 신고를 누락해 세금의 일부를 내지 않아도 무방하다." 1998년 오스트레일리아 국세청에 제출된 한 연구는 사람들에게 이 진술에 동의하는지를 물었는데, 놀랍게도 95%가 동의하지 않았다. 이렇게 통일된 반응을 이끌어 내는 설문은 거의 없다. 탈세에 관한 다양한 설문을 내놓는 다른 연구와 마찬가지로 이 연구를 봐도 많은 나라에서 조세 순응에는 중요한 도덕적 요소가 있음이 확인된다. 납세를 일정한 도덕적 의무로 받아들이는 인구의 비율은 설문 문항의 구체적 형태에 따라 가변적이다. 위의 질문이 특별히 부정적인 반응을 이끌어 낸 것이 탈세에 대한 우려 때문만은 아닐 것이다. 이 질문에는 개인들이 선출된 정부의 지출 결정을 취사선택할 권리가 있다는 가정이 깔려 있기 때문이기도 할 것이다. 그러나 덜 유도적인 질문이 던져져도 인구의 상당 비율이 탈세는 옳지 않다며 거부하는 것으로 나온다. 여러

5장 탈세와 조세 집행

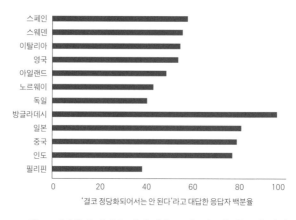

〈그림 14〉 '기회가 생겼을 때 속임수로 세금을 덜 내는 것. 당신은 이것이 정당화될 수 있다고 생각하십니까?' 이 질문에 대한 세계 가치관 조사에 나타난 각국의 응답(1990년대 초중반의 몇 해에 걸침).

나라를 대상으로 주기적으로 수행되는 '세계 가치관 조사'World Values Survey는 탈세에 관한 설문을 실시해 왔다. 이를테면 '기회가 생겼을 때 속임수로 세금을 덜 내는 것'을 어떻게 생각하는지 묻고, 이것이 얼마나 정당화될 수 있을지 등급을 매겨 달라고 하는 것이다(〈그림 14〉). 벤노 토글러의 연구에 따르면 대부분의 유럽 나라에서 응답자의 절반 정도가 그러한 부정행위가 '결코 정당화되어서는 안 된다'라고 답했다. 아시아 나라들은 조세 도덕률이 더 강력해 일본, 중국, 인도에서 응답자의 80% 정도가 그와 같은 견해를 보였다.

사람들이 자신과 관련된 위 질문에는 도덕적 견해를

갖는 반면, 많은 경우 타인의 행동이나 태도에는 다소 삐딱한 태도를 보이는 것으로 나타난다. 심리학자 마이클 웬절은 위 오스트레일리아 국세청의 연구에서 응답자의 절반 정도가 '대부분 사람은 정당한 액수의 세금 납부를 피하려 한다'고 생각한 것으로 나타난 것을 강조한다. 마찬가지로 응답자의 거의 절반이 '내가 아는 많은 사람이 현금 소득에 대해서는 세금을 내지 않아도 괜찮다고 생각한다'는 진술에 동의했지만, 겨우 8%만이 자기 자신도 그런 생각을 가지고 있다고 인정했다. 물론 이는 사람들이 반사회적 견해를 가지고 있음을 스스로 인정하기를 꺼리는 반면 타인에 대해 말하는 데는 거리낌을 덜 느끼기 때문일 수 있다. 이와 비슷한 현상이 인종주의적 태도에 대한 조사 같은 데서도 종종 나타나며, 투표 의향을 묻는 여론조사도 왜곡시킨다. 어쩌면 자신의 응답이 어떤 경로로든 당국에 보고될지 모른다는 두려움 때문에 설문에 응할 때 자기 의견을 정확히 내놓기를 주저하는 것일지도 모른다. 그러나 사람들이 탈세에 관한 사회적 규범에 대해 잘못된 관념을 가지고 있다는 것, 그러니까 타인들은 자기보다 덜 도덕적이며 실제로 그러는 것보다 탈세에 더 적극적으로 연루되어 있다고 여긴다는 것은 분명해 보인다.

납세 윤리와 관련된 위 질문들에 개인들이 답한 내용을 보면 몇 가지 흥미로운 패턴을 발견할 수 있다. 대체로 납세 윤리는 중년보다는 고령의—그리고 때때로 젊은―응답자에게서 더 높았고, 종교가 있는 사람과 여성에게서 더 높은 경향을 보였다. 납세 윤리는 타인들이 순응한다고 믿는 사람들 사이에서 보통 더 높았으며, 공공 서비스의 질과 효율성, 공공 정책의 공정성에 대한 평판이 좋은 나라일수록 높았다. 자영업자의 납세 윤리가 대체로 낮게 나온 것도 흥미롭다. 하지만 이것이 납세 태도상의 진정한 차이를 가리키는지, 아니면 보통의 노동자들에 비해 훨씬 광범위하게 탈세에 연루된 집단의 자기 합리화인지는 명확하지 않다.

얼마나 많은 세금이 탈세로 빠져나가는가

사람들의 탈세 의향이 다른 사람들도 그렇게 하리라는 인식에 영향을 받는다는 것은 거의 확실하다. 그렇다면 사람들이 일반적인 탈세 정도에 대한 추정치에 많은 관심을 갖는 것도 이상할 게 없다.

탈세로 빠져나가는 세수가 얼마나 될지는 매우 불명확하다. 믿을 만한 추정치를 얻기가 쉽지 않은데, 당국에 자신의 행위를 숨기려 갖은 수를 쓰는 납세자들이 자기 행위를 연구자에게 털어놓을 리가 없기 때문이다. 그렇다곤 해도 탈세 수준과 유형을 최대한 아는 것은 중요하다. 왜냐하면 그런 지식은 공공 정책의 설계에, 특히 세무 감사와 조사를 위한 과세 당국의 제한된 자원을 적재적소에 쓰는 데 도움을 줄 것이기 때문이다.

탈세의 규모와 유형을 조사하는 한 가지 방법은 납세자들이 작성한 세무 신고서 표본을 정밀 조사하는 것이다. 이 접근법에는 많은 장점이 있다. 납세자의 신고서에서 출발하기 때문에 과소 신고의 수준과 유형에 대한 직접적인 계측치, 과소 신고가 납세자의 어떤 특성과 연결되는지에 관한 상세한 자료를 제공한다. 하지만 불행히도 이는 정확한 추정치보다는 탈세의 최소 수준을 알려 줄 뿐이다. 왜냐하면 어떤 과소 신고와 탈세는 아무리 정밀하게 감사해도 드러나지 않을 수 있기 때문이다.

납세자들의 대표 표본에 대한 이런 종류의 정밀 조사와 감사를 실시하고 있는 나라는 소수에 지나지 않는다. 그 가운데 가장 광범위한 조사가 수행된 나라는 미국으로, 미 국세청IRS은 납세 순응 측정 프로그램Taxpayer Compliance Measurement Program, TCMP을 통해 1963년부터 1988년까지 대략 3년마다 납세 신고서 표본을 상세히 감사했다. TCMP 감사의 사생활 침해와 비용에 대한 우려가 커지자 1990년대 들어 그보다 강도가 덜한 전국 조사 프로그램National Research Program, NRP이 시행되었다. 이에 따르면 개인소득세와 법인소득세를 통틀어 2001년 소득세 탈세 수준은 16% 안팎으로 드러났다. 개인소득세의 경우 과소 신고를 통한 탈세율은 걷혔어야 할 총세액의 9% 정도였고, 법인소득세의 경우는 17%였다. 개인소득을 구성하는 세부 항목들 간의 편차도 컸다. 개인의 임금이나 급여를 과소 신고하는 비율은 기껏해야 1% 정도였는데, 이는 대부분의 납세자가 자기 임금이 고용주에 의해 국세청에 신고된다는 점을 알고 있기 때문이다. 이에 비해 자영업 소득의 과소 신고가 많아 평균적으로 실제 소득의 절반 미만만이 신고되었다.

피고용인과 자영업자 간의 이러한 대조적 모습은 덴마크 과세 당국이 2007년에 일회성으로 실시한 조세 집행 연구에도 나타났다. 이 연구에서는 4만 명의 개인소득세 납세자가 무작위로 추출되어 정밀 조사되었다. 전체적으로 이 조사에서 발견된 소득 과소 신고는 납세자 순 소득의 2%에 못 미치는 수준이었고, 탈세를 통해 상실된 세액은 조사된 납세자들이 져야 하는 전체 세 부담액의 2.4% 정도에 해당했다. 여기에서도 소득 과소 신고는 당국이 가지고 있다고 납세자가 여기는 정보의 양과 밀접히 연관되어 있었다. 업주가 따로 신고하는 피고용인 소득의 경우 탈세율은 0.2%에 지나지 않았다. 대조적으로 자영업 소득같이 제3자가 신고하지 않는 소득은 덜 신고되는 경향이 있어서 자영업 소득의 8%가 과소 신고되는 것으로 밝혀졌다.

아무리 많은 자원을 들여 철저히 수행해도 세무 조사는 과세 당국의 시야를 벗어나는 소득의 최소치만을 알려 줄 수 있을 뿐이다. 아무리 정밀하게 조사해도 일정액의 소득은 드러나지 않을 것이다. 오직 사소한 것만이 조사원의 주의를 빠져나갔을 수도 있지만, 세무 조사를 통해 아주 큰 빙산의 일각만 드러난 것일 수도 있다. 진짜 탈세 규모를 알 수 있는 다른 단서는 없을까?

공적 통계 자료들 사이에서 발견되는 다양한 불일치, 또는 개인 행동의 여타 측면에서 유래하는 단서를 통해 가능한 지표들을 얻을 수 있다. 공적 통계자료들은 각 자료가 기반해 있는 정보가 무엇이냐에 따라 탈세에 의해 왜곡되는 정도가 상이하다. 특히 우리는 납세자 자신의 보고에 입각해 산출되는 통계가 다른 정보에 입각한 통계보다 더 심하게 오염되어 있으리라고 예상할 수 있다. 이를테면 배관공이 소득을 신고하지 않는 것은 불법이지만 고객이 그런 배관공을 고용하는 것은 불법이 아니다. 이때 배관공은 자신의 소득과 매출을 과세 당국뿐 아니라 통계 작성 기관에도 숨기고자 할 것―통계 당국과 과세 당국이 각자의 정보를 서로 비교할 것을 우려해서―이지만, 고객 입장에서는 자신이 배관공의 서비스에 지불한 금액을 과소 신고할 이유가 없을 것이다.

영국 과세 당국은 부가가치세 관련 부정행위, 탈세, 기타 세입 미달 원인에 따른 세수 손실의 규모를 정기적으로, 그리고 꽤 그럴싸하게 추정해 왔다. 이른바 '부가가치세 격차'VAT gap인데, 소비자 지출의 수준과 양태를 보여 주는 공공 통계에 부가가치세율을 적당히 적용해 징수되어야 할 세입 규모를 추정한 뒤, 이를 실제 징수된 부가가치세수와 비교하는 것이다. 이런 접근법은 복잡하고 세심한 조정 작업을 거쳐야 하므로 단순하지는 않다. 세금 납부 시점, 공공 부문이나 부가가치세가 면제되는 금융 기관에 대한 판매에 붙는 부가가치세, 부가가치세 납부 의무가 없는 소기업 매출의 효과 등이 여기서 고려되어야 한다. 조사 결과에는 상당한 폭의 오차 가능성이 있지만, 이 작업은 판매의 과소 신고 같은 전형적인 탈세는 물론 회전목마형 사기로 인한 세수 손실, 파산이나 기타 요인에 따른 세수 손실의 규모를 짐작하는 데 유용하다. 대체로 영국의 부가가치세 격차는 약 10년 전에 잠재 세수의 13~15% 선—회전목마형 사기 같은 조직적인 탈세는 전체 격차의 4분의 1 정도만을 차지했다—에서 정점을 찍은 뒤 10% 안팎으로 떨어진 것으로 보인다. 이와 비슷한 방법을 이용해 여러 나라를 대상으로 연구를 수행한 결과 유럽연합을 통틀어 부가가치세수의 전체적인 손실률도 그 정도 수준으로 나왔다. 물론 나라마다 상당한 편차가 있기는 하다.

영국 당국은 다른 주요 세목의 세수 손실 규모도 추정한다. 이런 추정치들이 부가가치세 격차 추정치만큼 깔끔한 방법론에 기반한 것은 아니지만 말이다. 법인세 부족분—이는 대체로 공격적인 조세 설계와 회피에 기인한다—은 부가가치세 격차와 비슷한 비율이고, 소득세와 물품세[개별소비세] 격차는 그보다 훨씬 작다. 소득세의 대부분은 원천공제되어 걷히므로 개별적으로 탈세할 여지가 거의 없고, 물품세는 과세 당국이 면밀하게 감시하고 통제한다. 결과적으로 이 두 세목에서 세수 부족은 5% 안팎으로 추정되고 있다.

탈세가 준법적인 납세자들의 공분을 불러일으키는 것은 당연하다. 탈세는 납세 패턴의 형평성을 해치고, 한쪽에서 유실된 세수를 다른 쪽의 더 높은 세금으로 벌충해야 하므로 인구의 나머지가 짊어질 세 부담을 가중시킨다. 또한 다른 사람들이 탈세를 행한다는 생각은 순진한 사람들도 탈세에 가담할 가능성을 높인다. 이런 모든 이유 때문에 조세 순응도를 꽤 높은 수준으로 유지하는 것이 '건전한 균형'을 유지하는 데 긴요하다. 이런 균형에서 세수는 인구 전반에 걸쳐 비교적 공평하게 배분되고 대다수 납세자가 세금을 순순히 납부할 것이다. 상당한 탈세가 자리를 잡게 되면 경제가 '나쁜 균형'의 나락으로 떨어질 위험이 있다. 이때 납세자들은 다른 사람들이 대규모로 탈세한다고 믿고, 그런 추세를 따르지 않는 것은 어리석은 일이라고 생각할 것이다.

그러면 사람들이 탈세하지 않도록 하기 위해, 또는 적어도 세수 손실의 규모를 줄이기 위해 과세 당국은 자신이 가진 자원을 어떻게 최대한 활용할 수 있을까?

이를 위한 첫 걸음은 말할 것도 없이 조세의 체계와 과정을 적절히 설계하는 데서 시작한다. 가능한 한 많은 세금이 원천징수될 수 있도록 조세 체계를 설계하는 것이 탈세를 줄이기 위해 취할 수 있는 가장 효과적인 조치다. 세금은 고용으로 발생하는 소득, 은행 이자, 주주에게 지급되는 회사 배당금, 나아가 다른 여러 지불액에서 원천징수될 수 있다. 이러한 원천징수 제도 아래서 탈세는 두 당사자의 유착을 필요로 하지만, 그들의 이해관계가 완전히 일치할 일은 거의 없으므로 탈세가 이루어지기 어렵다. 이러한 소극적 의의 외에도 원천징수 제도에는 세수가 싸고 안정되게, 최소한의 탈세 범위만을 허용하면서 걷힌다는—대부분의 산업국에서 그러하듯—적극적인 의의도 있다.

원천징수의 대안으로 그만큼 철저하지는 않지만 유사한 효과를 거둘 수 있는 방법이 있다. 과세 당국이 개별 납세자에게 소득을 지급하는 고용주와 은행 그리고 기타 주체에게 그들의 지급 행위를 당국에 보고하도록 하는 것이다. 이 경우 납세자들은 당국이 소득의 과소신고를 알아차릴 능력이 있음을 알 것이므로 그러한 소득은 정직하게 신고될 것이다.

이제 당국은 원천징수나 제3자 보고가 불가능한 곳에서 발생하는 세수에 행정적 역량을 집중하면 된다.

세무 조사나 강제 집행은 비용이 많이 든다. 이번 장의 앞부분에서 조세 집행에 관한 단순한 경제학 모형을 설명하며 보았듯이 납세자들은 탈세 여부를 결정할 때 가능한 절세액과 적발의 위험 및 비용을 비교한다. 후자는 정책이 영향을 미칠 수 있는 두 가지 요인에 의존하는데, 탈세가 적발될 가능성과 탈세자가 잡힐 경우 받게 될 벌칙이 그것이다. 개인의 탈세를 적발할 확률을 높이려면 세무 조사에 더 많은 자원을 투여해야 한다. 그럴 경우 매년 종전보다 높은 비율의 납세자들이 조사를 받을 것이며, 조사의 강도도 세지고 더욱 철두철미해질 것이다. 이런 단순한 틀에서 더 높은 적발률은 탈세자가 평균적으로 직면할 벌칙을 높임으로써도 실현된다. 일단 적발률이 높아지는 것은 오직 더 많은 자원이 조사에 투여되었기 때문이다. 그러나 만약 똑같은 효과가 한층 직접적으로, 그리고 조사에 추가적인 비용을 들이지 않고도 달성될 수 있다면 얼마나 매력적이겠는가? 그런 방안이 바로 적발되는 이들에 대한 형벌을 더 가혹하게 하는 것이다. 여기서 우리는 일반적으로 어떤 행위를 억제하기 위한 법의 집행을 둘러싼 흔한 딜레마에 처하게 된다. 자, 조사보다는 벌칙을 강화하면 똑같은 수준의 억제율에 더 값싸게 도달할 수도 있다. 그렇다면 우리는 조사에 드는 자원을 아끼기 위해 적발되는 몇몇 범법자에게 상상할 수 있는 가장 무거운 벌칙을 부과해야 하는 걸까?

논리적으로는 그 말이 맞을 수 있지만, 여기서 상정되는 틀은 너무 단순하다. 일단 여기에는 몇 가지 제약 조건이 있다. 첫째, 탈세에 대한 벌칙은 탈세 규모에 비례해야 한다. 사소한 범법 행위에 엄청난 벌칙이 적용되면 탈세자들이 더 적게가 아니라 더 많이 탈세하도록 부추길 위험이 있다. 닭을 훔치나 소를 훔치나 똑같이 사형이라면 사람들은 더 큰 것을 훔치려 들 것이다. 들통나

　　　　　　　　　　　　　5장 탈세와 조세 집행

더라도 그에 대한 벌칙이 사소한 범법 행위에 붙는 벌칙보다 조금 센 정도임을 안다면 탈세자들은 더욱 과감한 세금 포탈에 주의를 기울일 것이다. 당국이 무거운 벌칙을 통한 억제 효과에 의존하기 어렵게 만드는 또 하나의 제약 조건은 실제로 과중한 벌칙을 부과하기가 어렵다는 것이다. 만약 벌칙이 납세자를 파산 지경으로 몰고 갈 정도로 높다면 탈세자는 벌칙이 더 엄해진다고 해서 더 무서워하지는 않을 것이다. 나아가 벌칙이 범죄의 심각성과 비례하지 않는다는 인상을 주게 되면 법원—특히 배심 법원—이 유죄 판결을 내리지 않으려 할 수도 있다.

그러나 운 나쁘게 적발된 몇몇 탈세범을 가혹한 처벌로 다스리는 방식에만 의존하는 조세 집행이 가져올 수 있는 가장 심각한 문제는 그것이 조세 납부·순응 환경을 부정적인 쪽으로 변화시키고 징세의 효율성을 해칠 수 있다는 것이다. 다수의 과세 당국이 납세자들과 대립각을 세우지 않으려 애쓰고 있으며, 이것이 납세자들의 자발적 순응을 독려하는 데 더욱 적합하다고 믿고 있다. 이와 반대로 더 가혹한 정책 노선에 따라 납세자와 덜 협조적인 관계를 수립한다면 납세자들 사이에서 소극적 저항이 일어날 수 있는데, 이는 행정과 집행의 비용을 증가시키고 효율성을 떨어뜨릴 수 있다.

과세 당국과 납세자가 상호작용하는 환경이 중요한 만큼, '다른 사람들'이 응분의 세금을 납부하게 만들려는 적정한 노력이 기울여지고 있다는 대중의 확신도 중요하다. 세무 조사에 쓰이는 자원 활용의 효율성을 개선하기 위한 몇 가지 전략을 쉽게 떠올릴 수 있다. 과거 경험을 통해 탈세가 집중되고 적발률이 높게 나타난 영역을 가려내 거기에 자원을 집중하는 것이다. 이 경우 다른 영역들에서는 기본적인 수준의 조사를 유지하면 납세자들은 일정 정도의 자발적 순응 유인을 갖게 된다. 정직한 보고의 수준을 높이는 방향으로 납세자의 유인 구조 재편을 도모할 한층 창의적인 조사 전략을 설계해 볼 수도 있다. 예를 들어 납세자들이 과세 당국과 매년 맞닥뜨려야 한다는 사실을 활용하면 납세자의 순응 유인 구조를 개선할 수 있다. 그들은 올해 탈세를 하다 적발되면 다음 연도에 더 강력한 조사를 받게 된다는 점을 알 것이기에, 그러한 미래의 부담을 피하고 향후 있을 수 있는 탈세 기회를 잃지 않기 위해 올해의 탈세에 더욱 조심하리라는 것이다.

'하나가 잘되면 만사가 잘된다'Nothing succeeds like success라는 속담은 조세 집행의 영역에 특히 잘 적용된다. 앞서 우리는 탈세에 대한 대중의 태도는 다른 사람들이 어떻게 하고 있는지에 강하게 영향을 받음을, 또한 사람들은 세금 문제에 관한 한 타인들이 자기보다 덜 도덕적이라고 생각하는 경향이 있음을 보았다. 만약 이웃들이 응당 내야 할 세금을 내지 않는다고 납세자들이 믿는다면 그들은 자발적으로 순응하기를 꺼릴 것이다. 세금이 실제로 납부되게끔 하는 것, 그리고 그렇게 보이게끔 하는 것은 미래의 조세 순응을 독려하기 위해 취할 수 있는 가장 중요한 조치다.

6장

조세 정책의 이슈들

정부 관리들에게 이런저런 과세 방식을 제안하는 것 말고는
할 일이 없어 보이는 사람들이 있다.
보수당 총리 로버트 필의 1842년 하원 연설

조세 정책은 정치적 지뢰밭이 되기 쉽다. 조세는 정치인
에게, 때로는 전체 정부 체계에 실질적인 위협을 안길
수 있는 영역이다. 역사를 통틀어 조세의 변화는 반란과
폭동을 야기했으며, 때때로 극적인 결과가 뒤따르기도
했다. 영국으로부터 미국의 독립은 런던에서 부과한 세
금에 대한 분노로 촉발되었다. 영국의 지배에 대한 반대
는 '대표 없이 과세 없다'라는 슬로건을 중심으로 형성
되었고, 미국의 반란자들이 과하게 세금이 붙은 차 상자
를 바다에 내던진 1773년의 보스턴 '다과회' 사건은 억
압과 군사 갈등, 마침내 영국의 패배로 이어졌다. 인도
에서는 영국의 식민 지배에 대한 간디의 비폭력 저항이
굉장히 상징적이었던 1930년의 '소금 행진'과 함께 시
작되었다. 이는 소금에 부과된 과중한 세금에 저항한 사
건으로, 인도 사회의 모든 계급을 단결시키는 명분이 되
었다. 이 세금은 빈자와 부자를 막론하고 모두가 져야
했던 무거운 재정적 부담이었기 때문이다. 최근의 예로

는 장기간 집권하며 무엇으로도 막을 수 없을 것처럼 보였던 영국 총리 마거릿 대처가 지방세 개혁에 대한 대중 저항 때문에 자리에서 물러난 일이 있다. 이 세제 개혁은 오랫동안 자산 가치에 부과되었던 지방세를 1인당 정액의 '공동체 부과금', 즉 흔히 '인두세'로 불리는 세금으로 대체하는 것이었다. 이는 1381년 와트 타일러의 농민 반란―리처드 2세가 프랑스와 벌인 전쟁에 돈을 대고자 부과한 인두세에 대한 폭력 저항으로 결국 실패했다―의 현대판이었다.

조세 개혁가들은 위험천만한 바다를 항해해야 한다. 따라서 많은 정치인이 조세 정책에 극도의 주의를 기울이고 심지어 냉소적인 태도를 보이는 것도 놀라운 일이 아니다. 정부는 공공 서비스와 재분배를 위한 수입이 필요하며, 거대한 계획을 가진 야심 찬 정부라면 자신에게 필요한 세수를 짜내기 위해 창의적인 방안을 고안해야 한다. 17세기 프랑스의 '태양왕' 루이 14세는 가장 야심차고 사치스러웠던 군주 가운데 하나로, 전쟁과 대규모 공사(베르사유 궁전 축조 등), 거대한 제도 개혁을 위해 엄청난 수입을 필요로 했다. 그의 재무장관 장-바티스트 콜베르는 이러한 과업에 실용주의적으로 접근했다. 필요한 돈을 최소한의 반발만을 야기하면서 걷고자 한 것이다. 조세 정책에 관해 그가 남긴 다음 금언이 널리 인용되고 있다. "조세의 기술이란 거위가 가장 적게 소리를 지르게 하면서 깃털을 가장 많이 뽑는 일과 같다."

그러나 모두가 조세 정책을 교활하고 냉소적인 행위로 본 것은 아니다. 애덤 스미스는 1776년에 출간한 주저 『국부론』*The Wealth of Nations*에서 조세 정책이 따라야 할 네 가지 원칙 또는 '규범'canon을 내놓은 바 있다.

  1. 기여의 형평성: "한 국가의 국민이라면 마땅히 가능한 한 각자의 능력에 비례해, 다시 말해 국가의 보호 아래 각자가 획득하는 수입의 크기에 비례해 정부의 유지에 기여해야 한다."

  2. 조세 부담의 확정성: "각 개인이 납부해야 하는 조세는 반드시 확정적이어야 하고 자의적이어서는 안 된다. 즉 납세의 시기, 방법, 금액은 납세자와 기타 사람들에게 간단명료해야 한다. 그렇지 않다면 납세 의무자는 어느 정도 징세인의 권력에 복종하게 되고, 징세인은 세금을 무겁게 부과할 수도, 모종의 선물이나 부수입을 갈취할 수도 있을 것이다."

  3. 지불의 편의성: "조세는 납세자가 지불할 수 있는 가장 편리한 시간에 가장 편리한 방법으로 징수되어야 한다."

  4. 비용의 최소화: "모든 조세는 국민의 주머니에서 끄집어내거나 아예 주머니에 들어가지 못하는 금액으로, 그것이 [실제로] 국고에 들어가는 금액을 최소한도로만 초과하게끔 만들어져야 한다.……여기에는 다음

<그림 15> 경제학자 애덤 스미스(1723~1798).

과 같은 네 가지 측면이 있다. 첫째, 조세를 징수하는 데
는 많은 수의 관리가 필요하고, 그들의 봉급이 조세 수
입의 큰 부분을 차지한다.…… 둘째, 조세는 국민의 근
면을 방해하고…… 국민들이 훨씬 더 쉽게 납세할 수 있

게 해 줄지 모를 자원의 일부를 감소시키거나 파괴해 버릴 수도 있다. 셋째, 탈세를 시도하다 실패하는 불행한 사람에게 몰수나 기타 형벌을 부과함으로써 조세는 그들을 종종 몰락시키고 그리하여 사회가 그들의 자본 운용으로 얻을 수 있었을 이익을 상실하게 만들 수도 있다. 넷째, 국민이 조세 징수인의 빈번한 방문과 짜증 나는 조사를 받게 함으로써 조세는 국민에게 불필요한 고통과 번거로움, 억압을 가할 수 있다.……이상의 네 가지 방식으로 조세는 국가를 이롭게 하는 것보다 훨씬 더 큰 부담을 국민에게 지운다."

애덤 스미스의 조세 규범은 현대 경제학에서 조세 정책이 분석되는 방식과 놀라우리만치 일치한다. 특히 첫째와 넷째 규범은 요즘 식으로 말하면 '형평성'과 '효율성'에 해당하는데, 이것들은 현대 경제 이론의 핵심에 자리하고 있는 개념이다. 둘째와 셋째 규범 또한 그에 못지않게 중요한 이슈, 그러나 경제학자보다는 실무 행정가의 입장에서 더 중요한 이슈를 건드리고 있다. 과세를 명확한 규칙에 입각해 실시함으로써 조세 체계에서 자의적인 권력 남용의 여지를 없애야 하며, 실무적으로 세금을 편리하게 걸을 수 있어야 한다는 것이다.

넷째 규범에 대한 스미스의 논의는 조세 비용의 다음 네 가지 주요 측면을 조명한다. 과세 당국의 운용 비용, 경제 주체 행위에 영향을 미침으로써 조세가 야기하는 경제적 비용, 탈세를 방지하는 활동에 드는 비용, 조세 체계와 접촉할 때 납세자가 부담해야 하는 '순응 비용'이 그것이다.

스미스의 규범이 현대 경제학과 다른 점은 그가 다양한 고려 요소 사이에서 어떻게 균형을 잡아야 할지, 특히 여러 규범에서 도출되는 제안들 간에 충돌이 일어날 때 어떻게 해야 할지에 대해서는 뚜렷한 지침을 내리지 않았다는 것이다.

앞선 장들에서 보았듯이 현대적인 경제 분석 관점에서 조세 정책은 보통 '효율성'efficiency과 '형평성'equity이라는 목표 아래 조명된다(여기서 '효율성'이란 4장에서 보았듯 조세의 왜곡 효과를 최소화하는 것을 뜻한다). 이 두 목표는 빈번하게 충돌한다. 예를 들어 소득에 대한 한계 세율(소득 증대에 따른 추가 세액)의 상승은 조세 체계의 분배적 누진성을 높이는 반면 노동 시장에서의 왜곡도 키우는 경향이 있다.

제임스 멀리스의 작업에서 비롯된 '최적 과세'에 관한 경제학 문헌들은 효율성과 형평성 모두에 가중치를 두는 하나의 사회 후생 함수social welfare function가 어떤 조세 구조 아래서 극대화되는지를 고찰한다. 이 접근은 양자 간의 상충 관계를 명시적으로 드러내며, 특정 정책 제안이 주어진 모형에서 형평성에 부여된 가중치에 의존하는 정도를 볼 수 있게 해 준다.

조세의 경제학을 이해하는 것은 중요하며 조세의 경제적 비용을 무시하는 것은 위험이 따르는 행위다. 그러나 우리는 조세란 무엇보다도 정치적 이슈임을 잊지 말아야 한다. 조세 정책은 종종 선거에서 주요 쟁점이 되며, 단기적인 정치적 목표들은 장기적인 합리성과 상충할 수 있다. 정부는 유권자와 기업 로비스트 모두에게서 압력을 받으므로 그런 압력과 이해관계 사이에서 중심을 잡아 가며 조세 정책을 고안하지 않을 수 없다. 조세 체계란 순전히 기술 관료적인 관점에서 설계될 수도 없고 정교한 막후 계산에 따라서만 실행될 수도 없다. 궁극적으로 조세와 조세 개혁을 결정하는 것은 정치적 과정이다.

'중립성', 조세 정책의 지도 원리

조세 체계는 자기 이익 외에는 안중에 없는 로비나 정치인들의 기막힌 꾀에 의해 변경되기도 한다. 조세 체계에 그런 자의적이고 혼란스러운 변화가 가해지는 것을 막으려면 조세 정책상의 결정들이 명확히 정의된 원칙들—이상적으로는 정치적 스펙트럼을 가로질러 일정한 동의를 얻은—아래 놓여야 한다. 이런 원칙들은 정치적 통제의 변화[정권 교체 같은]로 야기될 수 있는 우선순위 변동을 수용할 수 있어야 하며, 이때 조세 체계의 기반이 교란되어서는 안 된다.

　이런 원칙들이 특정한 개별 행위에 대해 경제학자들이 내놓을 법한 최적의 조세 처방에 완전히 부합하지는 않는다. 대체로 그런 처방은 경제 행위의 특성들, 곧 조세에 대한 탄력성이나 기타 행태적 반응 따위와 관계되는데, 이는 측정이 매우 어렵고 측정이 되더라도 정확도와 신뢰도가 많이 떨어진다.

그러나 '중립성' 개념을 조세 정책의 지도 원리로 삼는 것은 적극 권장할 만하다. 본질적으로 이는 조세 수입이 걷히는 동안 경제 활동에 최소한의 교란만을 야기해야 한다는 원칙으로, 조세의 경제적 효율성 개념과 대체로 일치한다. 물론 경제 행위에 영향을 전혀 끼치지 않고서 상당한 세수를 거두어들이기는 불가능하다. 중립성 개념은 이런 영향을 필요한 최소한에 묶어 두는 하나의 방식을 제안한다. 특히 유사한—그리고 대체 가능성이 큰—행위들이 세제상 부당한 차별을 받지 않도록 하는 것이 중요하다.

원리로서 중립성이 갖는 가치는 그 경제적 장점에만 국한된 것도 아니고 그것이 주된 미덕도 아니다. 존 케이가 주장했듯이 조세가 상이한 활동들을 취급할 때 중립성을 유지해야 한다는 규칙이 갖는 한 가지 커다란 미덕은 그것이 분파적 로비 활동의 기회를 제한한다는 것이다. 케이는 이렇게 말한다. "만약 그러한 전제[중립성]가 없다면 우리는 석유 회사, 모기지 회사, 생명보험 회사 등의 요구에 각각 귀를 기울여야만 할 것이다." 한 회사나 산업이 자신의 납부 세액을 줄이고자 탄원서를 빈틈없이 작성해 들이밀었을 때 정부는 마땅한 방어 논리를 마련하지 못할 수 있다.

그렇다면 조세의 중립성 원리는 실제 정책에서 어떤 변화를 야기할 것인가? 이 원리의 주된 의의는 유사한 행위들은 언제나 똑같은 조세에 직면하리라는 것이다. 상이한 형태의 저축에는 똑같은 세금이 매겨져야 한다. 상이한 산업들은 똑같은 세금에 직면해야 하며 특정한 산업에 특권이나 특혜가 주어져서는 안 된다. 기업 조직이나 자금 조달 방식이 서로 달라도 세금은 동등한 기반 위에서 매겨져야 하고―이는 복잡한 문제로 상세한 논의는 이 작은 책의 범위를 훨씬 넘어선다―유사한 재화와 서비스에는 똑같은 비율의 세금이 붙어야 한다.

국제적 차원에서 중립성은 조세 구조가 특정 국적을 우대하거나 보호해서는 안 되며, 나라마다 있게 마련인 세제상의 차이들이 경쟁 우위 확보를 목적으로 조작되어서는 안 됨을 의미한다.

그러나 이상과 같은 일반적인 정책상의 원칙들만 넘어서면, 아무리 조세 정책이 유사 행위의 과세에서 중립성에 입각해 있다고 하더라도 공공 부문의 규모, 전체적인 조세 부담 크기, 인구 집단 간 조세 부담 배분 등에 관해 상이한 정책 판단의 여지가 폭넓게 존재한다. 조세 정책을 지도하는 원리로서 중립성이 정치적 선택과 정책 판단―특히 형평성과 소득 재분배에 어느 정도의 우선순위를 부여하느냐와 관련된―에서 상당한 편차를 허용할 수 있는 것이다. 정치적 분위기가 바뀌면 세제에도 당연히 변화가 생길 수 있지만, 중립성 원칙에 입각해 있다면 조세 제도의 근간을 크게 교란시키지 않으면서도 정치적 원칙상의 더욱 근본적인 변화를 어느 정도는 수용할 수 있다.

이어지는 세 절에서는 현재 많은 나라에서 진행 중인 조세 정책 논쟁의 핵심에 있는 세 가지 중요한 정책 이슈를 살펴볼 것이다. 조세 제도의 급진적인 단순화 가능성, 단일 소득세율 옹호론, 식료품 같은 기본 재화에 대한 판매세 면제론이 그것이다. 그런 뒤 우리는 경제 행위 과정에서 발생하게 마련인 시장 실패와 왜곡을 바로잡기 위해 중립성 원칙을 위반하는 것이 정당화될 수 있는 사례(환경 정책에서 조세 사용)를 살펴볼 것이다. 끝으로 우리는 지금까지 이 책에서 논의된 아이디어와 원리가 세계 경제의 글로벌화와 기술 변화에 어떤 영향을 받을 것인지 질문하고 조세 정책의 미래를 살펴보면서 이 책을 매듭지을 것이다.

조세 단순화

급진적인 소득세 단순화 제안들은 아주 매력적이고 많은 나라에서 상당한 정치적 지지를 얻고 있다. 대부분 나라에서 현행 세법은 극도로 복잡해서 보통 수백 쪽에 달한다. 납세자들은 끙끙대며 제도를 이해해 보려 하지만 결국 거의 이해하지 못한 채 길고 복잡한 소득 신고서를 채워 넣어야 한다. 그러니 소득 신고가 엽서 한 장에 들어갈 정도의 질문 몇 개로 끝난다면 납세자의 시간이 얼마나 많이 절약되겠는가!

납세자의 소득세에 설정된 수많은 소득공제와 세액공제만 없애도 상당 정도 단순화가 달성될 것이다. 예를 들어 미국의 소득세제에서는 연금 기여금, 모기지(주택 담보 대출) 이자, 국세와 지방세 납부액, 기부금, 대학 등록금, 이사 비용, 사업 비용 등을 납세자의 과세 대상 소득에서 공제해 준다.

오래전에 이러한 공제 항목들이 생겼을 때는 저마다 나름의 정치적·경제적 이유가 있었다. 하지만 이 모든 것이 조세의 복잡성을 가중시키며, 불필요한 허점을 만들어 조세 제도의 효율성을 약화시킬 수 있다. 전체적으로 이러한 소득공제와 세액공제는 과세 기반—세금 부과의 대상이 되는 소득—을 급격히 축소시키는 효과를 낸다. 그 결과 소득이 더 넓게 정의될 때와 비교해 똑같은 액수의 수입을 거두기 위해서는 세율이 더 높아져야 한다.

미국같이 납세자의 과세 대상 소득을 축소시키는 공제 제도가 폭넓게 존재하는 나라에서는 조세 개혁을 통한 '과세 기반 확장'이 가능하다. 이를 통해 세수 총액은 유지하면서도 세율은 낮출 수 있다. 소득공제와 기타 특례 조항을 제거하면 조세 수입은 유지하면서 세율을 현재보다 크게 낮추는 데 충분할 정도로 과세 기반을 넓힐 수 있다. 똑같은 세수가 걷히고 납세자들도 평균적으로 종전과 같은 양의 세금을 내겠지만, 세율은 낮아지고 경제적 왜곡도 덜 발생한다.

모든 나라의 조세 제도가 그와 같이 다양한 소득공제와 세액공제, 특정 활동이나 집단에 대한 과세 특례를 갖추고 있지는 않다. 이를테면 영국의 소득세는 과세 대상 소득에 설정된 공제 항목이 적어 비교적 단순하다. 따라서 영국에서 소득세율 인하를 허용하는 과세 기반 확장 개혁이 벌어질 여지는 상대적으로 적다.

그렇다면 조세 단순화는 얼마나 현실성이 있을까? 애초에 세제가 복잡해진 원인을 생각해 보자. 모든 세제에는 허점이 있게 마련인데, 복잡성의 많은 부분은 세제의 허점이 악용되는 것을 막으려는 노력이 거듭된 결과다. 예를 들어 많은 나라가 자본 이득에 세금을 매기는 매우 복잡한 법을 마련해 두고 있다. 이렇게 된 이유는 자본 이득세로 많은 세수를 거두기 위해서가 아니라, 소득을 자본 이득으로 돌리려는 납세자들의 시도를 자본이득 법으로 차단함으로써 소득세수를 보호하기 위해서다.

더 일반화해 보자. 세제상의 많은 구멍은 상이한 형태의 소득이 국가 재정에서 상이하게 취급되기 때문에 생겨난다. 영국을 포함한 여러 나라에서 임금 및 기타 '근로'earned 소득에는 은행 이자, 주식 배당, 기타 '비근로' 소득과 다른 세율이 적용된다. 대체로 근로 소득이 더 무겁게 과세되는데, 근로 소득에서는 일반적인 소득세에 더해 사회보장기여금까지 공제되는 것만 봐도 그렇다. 그 결과 고용주는 직원에 대한 보상의 가능한 한 많은 부분을 근로 소득보다는 비근로 소득으로 간주되는 형태로 지급하려는 강한 유인을 갖게 되며, 이 목적을 달성하고자 교묘한 조세 회피 장치를 구축하는 데 많은 노력을 기울이게 된다. 이때 만약 조세 제도가 잠재적으로 대체 가능하고 경계가 불분명한 활동 유형들을 차별하지 않는다면 조세 회피의 여지—그리고 그에 따라 조세 회피 방지를 위한 복잡한 법률 조항들—는 크게 줄어들 것이다. 물론 말이 쉽지 실행하기는 매우 어렵다. 그러나 조세 단순화를 통해 만연해 있는 조세 회피를 본격적으로 문제 삼지 않는다면 조세 제도의 철학과 구조에 심각한 제한이 가해질 것이다.

조세 제도를 보다 단순하고 일관되게 만들면 상이한 원천을 갖는 소득들이 세제상 똑같이 취급될 터이므로 상당한 행정적인 이점도 생길 것이다. 비록 이런 목표는 달성하기도 어렵고 유지하기는 더더욱 어렵겠지만 말이다.

단일 세율 소득세?

과세 기반을 단순화하자는 위 제안과 종종 혼동되지만 그와는 구별되는 이슈가 있다. 고소득자에게 적용되는 고율의 소득세율을 낮추자는 주장, 혹은 그보다 더 급진적으로는 소득 수준과 상관없이 세율을 하나만 적용하자는 주장이 그것이다.

어떤 이들은 최고 소득 구간에 적용되는 높은 세율 때문에 경제 활동에 대한 유인 저하 효과disincentive effect가 매우 크게 발생하므로 세율을 낮추면 오히려 세수가 증가하리라 주장하기도 한다. 이른바 '래퍼 곡선'Laffer curve*이 이런 가능성을 반영한다. 현재의 세율이 아주 높을 경우, 세율을 낮추면 그로 인한 세수 감소를 상쇄할 정도로 과세 기반이 크게 확장되어 결과적으로는 세수가 증가할 수도 있다는 것이다.

이런 효과는 나라 밖에서 활동하는 납세자들이 국내로 돌아오도록, 또는 국내의 납세자들이 자신의 비즈니스를 해외로 옮기지 않도록 자극될 경우 발생할 수 있다. 또한 4장에서 논의했듯 세율 인하가 노동 공급 유인을 개선할 수도 있다. 이 두 경우 결과적으로 국내의 과세 기반이 확장될 것이고, 그 효과가 충분히 크다면 과

* 래퍼 곡선은 세율과 정부 수입 사이의 관계를 나타내는 곡선이다. 이에 따르면 세율이 낮은 구간에서는 세율이 상승하면서 정부 수입도 증가하나, 세율이 일정 수준을 넘어서면 되려 정부 수입이 줄어든다. 즉 래퍼 곡선은 정부 수입을 극대화시키는 세율이 존재함을 의미한다. 미국 경제학자 아서 래퍼(1940~)가 대중화했으며, 1980년대 미국의 레이건 행정부에서 감세를 옹호하는 논리로 쓰이기도 했지만, 대체로 실증적 증거는 약하다고 여겨진다. 래퍼는 최근 트럼프 대통령에게도 정책 조언을 한 바 있으며, 2019년에는 대통령 훈장을 받았다.

세 기반 확대에 따른 세수 증대 효과가 세율 인하로 인한 세수 감소 효과를 압도할 수도 있다. 그러나 이러한 논리적 가능성의 메아리가 감세를 통해 실제 세수가 증가함을 입증하는 데까지 도달하려면 험난한 길을 거쳐야 한다. 현행 조세의 수준과 조세에 실제 경제 주체들의 행위가 반응하는 정도에 따라 다양한 결과가 나올 수 있는 것이다.

단일 세율 소득세제는 기존의 중앙 계획 경제 체제에서 벗어난 구소비에트연방과 동구권의 몇몇 나라에서 도입된 바 있다. 많은 경우 이 제도는 더 시장 지향적인 경제 정책을 도입하기로 마음먹은 정부가 그 의도를 극적으로 드러내는 성명 같은 것이었다. 자국의 경제 정책이 더 이상 '각자의 능력에 따른 기여와 필요에 따른 분배'라는 카를 마르크스의 원리에 의해 지배받지 않음을 내보이는 데 있어 부자에 대한 높은 세율을 폐지하는 것보다 확실한 방법은 없었을 테니 말이다.

구공산주의국 중에서 처음으로 단일 세율 소득세 개혁을 단행한 것은 발트 3국이다. 1994년 에스토니아는 기존의 16~33% 세율을 없애고 26%의 단일 세율 소득세제를 도입했다. 리투아니아는 단일 세율을 33%—이는 기존의 최고 세율이었다—로 설정했고, 라트비아는 25%의 단일 세율을 설정했다.

단일 세율 소득세제 개혁이 정책 입안자들의 상상력을 제대로 사로잡은 것은 2001년 러시아의 개혁에서다.

비교적 높은 수준에서 단일 세율을 설정한 발트 3국과 달리 러시아가 설정한 단일 세율은 겨우 13%로, 이는 개혁 이전의 최저 소득세율보다 약간 높은 수준에 불과했다. 고소득자에 대한 세율이 극적으로 줄어들었다. 하지만 평균 소득세율이 크게 낮아졌는데도 불구하고 소득세 수입은 놀랄 만큼 증가했다. 개혁 이듬해에 세수가 46%, 인플레이션 효과를 제거하면 26% 증가한 것이다. 이 사례는 래퍼 곡선의 힘을 극적으로 확증해 주는 것처럼 보였다.

그러나 급진적 조세 개혁가와 저세율 옹호자에게는 유감스럽게도 감세로 세수를 증대시켰다는 러시아의 이야기는 국제통화기금IMF의 경제학자들이 상세한 조사를 벌인 뒤 산산조각 났다. 이들에 따르면 세수 증대는 세율 인하와는 거의 관계가 없었다. 대다수 납세자는 조세 개혁에 영향을 받지 않았다. 이들은 개혁 이후에도 전과 비슷한 수준의 세율로 세금을 납부한 반면, 소수의 [고소득] 납세자만이 소득세율의 급격한 인하로 이득을 보았다. 만약 단일 세율 소득세제가 정말로 급격한 세수 증대의 원인이라면, 그것이 세제 개혁에 영향을 받은 납세자들에게서 유래했으리라고 보는 것이 합리적일 터이다. 그러나 실상은 그 반대였던 것 같다. 즉 소득세 납부액의 가장 뚜렷한 증가는 세율 변화에 영향을 받지 않은 사람들 사이에서 발생했으며, 개혁으로 이득을 본 고소득자들이 전체 세수에 기여한 비중은 오히려 크게 떨어졌다. 세수 증대는 세율 인하 외에 다른 요인들에 의해서도 설명되는 것으로 나타났다. 특히 새로 당선된 푸틴 대통령이 도입한 전보다 훨씬 강력해진 조세 집행이 그중 하나였다. 국제통화기금 경제학자들은 지나치게 야심적인 공급 측 개혁의 위험성을 경고하면서 다음과 같이 결론지었다. "이러한 종류의 감세 개혁이 납세자들로 하여금 더 열심히 일하도록 하거나 세금 납부에 더 순응하게 만들어 그 비용을 상쇄하리라 기대해서는 안 된다."

그렇기는 해도 단일 세율 소득세 개혁이 포스트소비에트 경제라는 어려운 환경에서 조세 행정을 단순화하는 데 중요한 역할을 했을 수는 있다. 당시 과세 당국은 납세자들을 순응시키는 데 필요한 정보 기반과 법적 자원이 부족한 상황에서 빠르게 발달하는 민간 부문과 타협점을 만들어 나가기 위해 안간힘을 쓰는 중이었고, 경제 정책 결정자들은 자신이 경제 활동에서 국가의 역할에 관한 기존 시각과 완전히 절연했음을 보여 주고 싶어 했다. 그렇다면 단일 소득세율을 도입하는 조세 개혁이 동구권과 구소련 바깥에서는 어떤 장점이 있을까?

실용적 차원에서 단일 세율 소득세가 일정한 장점을 지닌다는 데는 의심의 여지가 없다. 은행 이자나 주식 배당같이 소득의 원천에서 세금을 공제하는 많은 작업이 크게 단순화될 것이다. 개별 납세자에게 적용되는 정확한 세율을 반영해 추가적으로 조정할 필요가 없어질 것이기 때문이다. 상이한 납세자에게 똑같은 세율이 적용된다면 당국이 신경 써야 할 세목 간의 '경계'도 적어질 것이다.

또한 고소득자에 대한 세율이 낮아지면 조세 순응도가 개선될 수 있다. 즉 조세 회피와 탈세를 위한 책략의 사용을 줄일 수 있다. 단, 납세자들이 그러한 책략을 쓰지 않도록 하는 실질적인 유인이 위험보다는 비용인 경우에 말이다. 이때 납세자들은 더 순응하고자 할 것이며, 그 결과 과세 기반도 커질 것이다(하지만 이런 효과가 자체로 충분히 커서 개혁에 따른 비용을 상쇄하고도 남는다는 증거는 없다).

단일 세율 소득세제에 반대하는 가장 명백한 논리는 그 분배 효과를 향하는 것 같다. 전체 세수는 유지하면서 고소득자에 대한 세율은 낮추면 저소득자에 대한 세부담과 불평등이 증가할 것이 분명하다. 하지만 실제로 시행된 몇몇 개혁에서 분배 효과는 생각보다 덜 뚜렷했다. 여러 개혁—일례로 에스토니아—에서 단일 세율은 최초 면세 소득액을 늘리는 조치와 함께 시행되었다. 저소득자가 직면하는 세율이 인상되기는 했지만, 면세 소득 증가 덕분에 그들의 전체적인 세 부담액은 줄어들었다. 분배 효과의 측면에서 이러한 개혁으로 손해를 본 것은 소득 순위 중간에 위치한 사람들이었고, 저소득자와 고소득자는 모두 이득을 보았다.

〈그림 16〉은 낮은 단일 세율과 분배적 형평성 간의

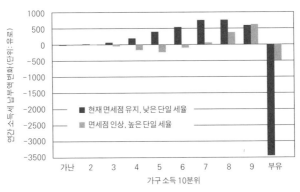

<그림 16> 단일 세율 소득세제로 누가 이득을 보고 누가 손해를 보는가? 독일을 대상으로 단일 세율 소득세제를 시뮬레이션했을 때 가구의 소득세 납부액 변화(퓌스트, 파이힐, 섀퍼의 2008년 연구).

상충 관계를 보여 준다. 여기에서는 독일에서 단일 세율 개혁이 벌어진 상황이 가상적으로 상정되었는데, 이는 클레멘스 퓌스트, 안드레아스 파이힐, 틸로 섀퍼의 시뮬레이션 결과를 사용한 것이다. 두 가지 가상적인 시나리오가 상정되고 있으며, 둘 모두 2007년에 시행 중인 소득세제─한계 세율이 15~45%─하에서와 똑같은 액수의 세수가 걷히도록 설계되었다. 첫째 시나리오는 현행 면세점을 유지하면서 단일 세율을 27%로 설정했다. 소득 순위에서 최하위를 차지하는 가구들은 어떤 경우든 사실상 거의 세금을 내지 않기에 대체로 영향을 받지 않았다. 대부분의 소득세 납부자는 단일 세제하에서 세금을 더─어떤 경우엔 심각하게 더─냈지만, 소득 상

6장 조세 정책의 이슈들

위 10%에 드는 가장 부유한 납세자들은 큰 이득을 보았다. 이들의 세 부담이 연평균 3,000유로 이상 줄어든 것이다. 둘째 시나리오는 연간 면세액을 현재보다 3분의 1가량 높여 소득 불평등에 미치는 부정적 효과를 줄였고, 동시에 세수 총액을 유지하기 위해 단일 소득세율을 앞의 경우보다 훨씬 높은 32%로 설정했다. 면세 소득액 상승에 따라 중간 소득 가구들의 추가적인 세 부담이 줄어든 동시에 세율 상승 때문에 부자들에게 돌아가는 이득도 작아졌다. 이 연구에서 드러난 또 하나의 사실은 낮은 세율이 상정된 첫째 시나리오에서 소득세의 왜곡 비용이 다소 줄고 고용이 약간 늘어난(약 0.3%) 반면, 둘째 시나리오의 높은 세율하에서는 이 같은 노동 시장에서의 이득이 사라졌다는 것이다. 이런 개혁에서 나타나는 형평성과 효율성 간의 상충 관계가 아주 뚜렷하게 드러난 셈이다.

이렇게 이득을 보는 자와 손해를 보는 자가 갈린다는 점 때문에 단일세 개혁의 정치는 전망이 그리 밝지 않다. 경제적 이슈에 대한 이기적 투표 행태에 관한 '중위 투표자' 모형에서 드러나듯, 표심이 정해지지 않은 부동 투표자는 중간 소득층에 몰려 있게 마련이라 정당들은 이들의 이해관계로 수렴하는 정책을 내놓을 수밖에 없다. 부자들에게는 이익을 주면서도 이 집단의 이해관계는 훼손하는 개혁은 현대의 정치적 경합이 작동하는 방식을 정면으로 거스르는 것이리라.

물론 폭넓은 개혁 패키지가 동반된다면 중간 소득 계층의 지지를 얻으면서도 가난한 이들의 이익도 적절히 보호하도록 단일 세율 소득세를 설계할 수도 있을 것이다. 그러나 이러한 개혁 과정에서 세수 감소를 막으려면 이 패키지의 소득세 부분은 비교적 높은 한계 세율을 포함해야 한다. 그리고 단일 세율 소득세에 입각한 거의 모든 개혁 패키지는 한 가지 매우 명확한 특징을 공유한다. 가장 커다란 혜택이 가장 부유한 납세자에게 돌아간다는 것이다.

판매세와 빈민

조세의 일률성을 높이는 단순화를 판매세에도 적용할 수 있을까? 부가가치세 같은 판매세를 시행 중인 많은 나라가 차등적인 세율을 적용하고 있다. 유럽연합 회원국에서는 식료품 및 몇몇 '분배적으로 민감한' 재화와 서비스의 부가가치세율 인하가 허용되고 있다. 대부분의 나라가 실제로 그렇게 하고 있으며, 덴마크에서만 모든 과세 대상 재화·서비스에 똑같은 세율이 적용된다. 영국의 경우 식료품, 물, 아동복, 대중 교통, 책과 신문 등의 품목에는 부가가치세 '영세율'을, 전기나 가스처럼 가정에 필수적인 품목에는 5%의 낮은 부가가치세율을 적용하고 있다.

유럽연합 바깥에서는 종종 부가가치세 제도가 덜 복

잡한 세율 구조를 갖는다. 최근 연간에 부가가치세 제도를 채택한 여러 발전도상국은 단일 세율을 적용하고 있다. 하지만 몇몇 나라는 유럽연합의 선례를 따라 가난한 가구의 소비에서 통상적으로 큰 부분을 차지하는 재화와 서비스에 낮은 세율을 적용한다.

실무적으로 보면 부가가치세 같은 판매세제를 단일세율로 시행하면 커다란 이점이 있다. 무엇보다 판매가 여러 세율로 과세될 때보다 과세 당국이 수집하고 확인해야 하는 정보의 양이 훨씬 줄어든다. 단일 세제하에서 당국은 개별 업체의 총매출 수준만 알면 되고, 상이한 범주의 품목별로 매출을 상세히 분류할 필요가 없다. 따라서 업체가 수집해 과세 당국에 제공해야 하는 정보도 줄어든다.

상이한 품목이 상이한 비율로 과세되는 나라에서 납세자와 과세 당국은 특정 거래에 대한 올바른 세무적 분류를 둘러싸고 소송전에 휘말리기도 한다. 이는 시간도 많이 잡아먹고 비용도 클 뿐 아니라 때때로 괴팍하기까지 하다. 부가가치세 세수의 감소를 막고자 영국 과세 당국은 자신이 다양한 식료품목을 취급하는 방식을 방어하지 않으면 안 되는 상황에 처하기도 한다. 그 결과 고액의 수임료를 받는 변호사들이 초콜릿으로 코팅된 비스킷 크기의 식품인 '자파Jaffa 케이크'가 부가가치세의 관점에서 (영세율이 적용되는) 케이크인지 (표준 세율이 붙는) 비스킷인지, 갓 짠 오렌지 주스가 (영세율이 적용되는) 과일인지 (표준 세율이 붙는) 청량 음료인지 등을 다루는 법정 논쟁에 며칠씩 동원되고 있다. 각 경우에 문제가 되는 것은 판매된 제품 총가치의 17.5%에 해당하는 세금 수입이다. 회사 입장에서는 자사 제품의 세법상 분류에 도전해 성공할 경우 엄청난 이득을 보게 된다. 그러니 개별 회사로서는 이런 식의 소송으로 자사 제품 몇몇을 저세율 범주로 옮겨 놓을 가능성이 어느 정도만 있다면 소송에 거액을 쓸 가치가 있는 셈이다. 그러나 과세 당국 입장에서 그런 소송은 다른 곳에 더 효율적으로 쓰일 수도 있을 시간과 자원을 제품 범주의 정의의 모호성 때문에 낭비하는 꼴이다.

어쨌든 판매세율을 차등적으로 매기면 저소득층을 돕는 데 미약하나마 기여하게 된다. 여기서 문제는 가난한 사람들이 소득의 대부분을 식료품 같은 '필수재'에 소비하고 필수적 성격이 덜한 품목이나 사치품에는 상대적으로 적게 소비하는 것이 사실이지만 절대적으로 보면 거의 모든 품목에서 부자들의 소비량이 더 많다는 것이다. 그러므로 식료품에 부가가치세율이 낮게 매겨지면 가난한 가구에도 혜택이 돌아가지만 부유한 가구는 더 큰 이득을 본다. 이들은 다른 대부분의 품목과 마찬가지로 식료품에도 더 많은 돈을 쓰기 때문이다.

식료품에 낮은 부가가치세율을 적용했을 때 발생하는 부가가치세수의 감소분을 식료품 구매액에 비례해 가구들에 지급된 일종의 보조금으로 간주할 수도 있다.

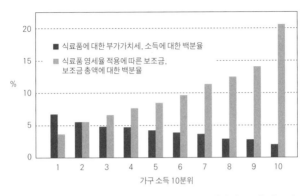

<그림 17> 식료품에 대한 부가가치세가 면제되면 누가 이득을 볼까? 식료품에 대한 부가가치세 및 식료품 영세율 제도를 통한 암묵적 보조금의 소득 집단별 분포(멕시코, 2005년).

이렇게 낮은 식료품 부가가치세를 통한 보조금은 소득 대비로 보면 가난한 가구에서 크다고 해야겠지만, 금액으로 치면 부유한 가구들이 더 많이 받는다.

2007년 OECD가 실시한 멕시코 경제 조사에 나오는 수치들이 이 점을 명확히 보여 준다(<그림 17>). 멕시코의 부가가치세 체계에서는 식료품에 영세율이 적용되고 있다. 식료품에 세금이 매겨지면 가난한 이들의 생활수준이 저하될 것을 걱정해서다. 그래프의 진한 막대가 알려 주듯 만약 식료품에 부가가치세가 부과되면 넉넉한 가구보다는 가난한 가구에 더 무거운 부담이 지워질 것이다. 추가적인 세금은 가장 가난한 두 10분위—인구중 가장 가난한 20%—가 버는 소득의 6%에 달할 것인데 비해 인구 중 가장 부유한 20%에서는 소득의 2%에 불과할 것이다. 그러니 식료품에 대한 영세율 폐지[부가가치세 부과]는 부자보다는 가난한 이에게 상대적으로 더 해롭다고 할 수 있다.

다른 한편 식료품에 대한 부가가치세 영세율 제도로 인해 발생하는 부가가치세수 손실을 가구에 대한 보조금이라고 했는데, 그림을 통해 총부가가치세수 손실액 중 극히 일부만이 가난한 이들에게 혜택으로 돌아간다는 점도 알 수 있다. 그림에서 옅은 막대는 현금액으로 나타낸 부가가치세 면세의 혜택이 상이한 소득 집단 간에 어떻게 분배되는지를, 즉 각 소득 집단에 돌아가는 보조금 총액의 백분율을 나타낸다. 이로부터 소득 수준이 높을수록 부가가치세 영세율의 혜택이 크다는 사실을 확인할 수 있다. 멕시코에서 부가가치세 영세율 제도 때문에 손실되는 세수 100달러 중 40달러가 상위 20%의 가구에 돌아가고,* 하위 20% 가구에는 10달러 미만이 돌아간다. 식료품 영세율은 가난한 이들에게 도움이 되기는 하지만 너무 비효율적이다. 하위 20% 가구에 10달러도 안 되는 금액을 이전해 주기 위해 100달러를 쓰는 셈이니 말이다. 이는 아서 오쿤의 물통(4장을 보라)이 너무 많이 새는 경우라고 해야 하지 않을까.

* 이 진술은 부정확하다. 그림에서 볼 수 있듯이 상위 20% 가구에 돌아가는 혜택은 35%, 즉 35달러쯤 된다.

물론 문제는 같은 돈을 더 효율적으로 쓸 수 있는 방법이 있느냐는 것이다. 식료품에 부가가치세 영세율을 적용하는 것보다 더 효율적으로 가난한 이들을 직접 도울 방법이 있을까? 긴말할 것도 없다. '있다'. 식료품에도 부가가치세를 부과한 다음 이를 각 가구에 같은 액수로 나누어 주기만 해도 식료품 영세율보다 가난한 이들을 더 잘 도울 수 있을 것이다. 더 복잡한 패키지를 이용하면 이보다 낮은 비용으로 식료품 구매 시에 부과된 부가가치세를 효과적으로 가난한 이들에게 보상해 줄 수도 있다. 이를테면 부가가치세수의 일부를 보조금으로 지급하되, 자산 소득 조사에 따라 더 가난한 가구들에 더 많이 지급하는 것이다.

이상의 사항 중 어느 것도 영국 재무부나 다른 나라의 관련 정부 부서에서 일하는 조세 정책가들에게는 새로운 이야기가 아니다. 부가가치세 감면의 가장 큰 수혜자가 부자라는 사실, 식료품에 표준 세율을 적용해 발생하는 추가적인 조세 자원의 일부만으로도 가난한 가구들을 충분히 더 효과적으로 도울 수 있다는 사실은 널리 인식되고 있다. 그런데도 식료품이나 다른 필수재에 대한 부가가치세 감면은 놀라우리만치 생명력이 길고, 어떤 나라도 감히 그것을 폐지하자고 하지 못하는 실정이다. 왜 그런가?

정부들이 세금을 더 내기 싫어하는 부유한 유권자의 반발을 두려워하는 것일 수도 있다. 또 하나 명백한 이유는 가난한 이들을 도울 더 나은 방법이 있다고 설명하는 것[부가가치세 감면 폐지 논리]이 추가적인 부가가치세가 가난한 가구의 예산에서 큰 부분을 차지함을 지적하는 것[부가가치세 감면 존치 논리]보다 훨씬 어렵기 때문이다. 더 나아가 당혹스러운 가능성도 하나 있다. 식료품에 부가가치세를 부과하는 데 대중이 저항하는 까닭은 그것이 가난한 이들을 돕는 효과가 있기 때문만이 아니라 세상에는 본성상 세금을 매겨서는 안 되는 것ㅡ음식처럼ㅡ이 있다는 생각이 만연해 있기 때문일지도 모른다. 이것이 폭넓은 대중적 지지를 얻을 법한 원리라고는 해도, 위에 제시된 자료를 보면 분명히 알 수 있듯이 그런 관점[식료품에 과세해서는 안 된다는]을 고수하는 데는 상당한 대가가 따른다.

조세와 환경

최근 전통적인 '명령-통제식' 환경 규제ㅡ공적 규제 기관이 개별 기업의 오염 물질 배출에 법적 제한을 가하거나 오염 방지를 위해 특정 기술이나 장비를 쓰도록 강제하는ㅡ의 비용과 한계에 대한 인식이 환경 정책 담당자들 사이에서 퍼지고 있다. 이들은 이러한 접근이 규제 대상 기업과 경제 전체의 입장에서 지나치게 경직되어 있는 데다 비용도 너무 많이 든다고 보고 있다. 더 많은 유연성이 주어지면 기업들은 배출물을 줄이는 더 저렴

한 방법을 찾을 수 있을 것이다. 그러면 똑같은 환경상의 이득을 더 낮은 비용으로 달성할 수 있다.

　환경 정책 담당자들은 환경 규제의 비용을 줄일 수 있는 더 유연한 '경제적 장치' 쪽으로 점차 주의를 돌리고 있다. 예컨대 발전소나 산업용 보일러·용광로에서 나오는 질소산화물 킬로그램당 얼마라는 식으로 오염 물질 배출에 세금을 매길 수 있다. 이는 기업들로 하여금 배출 감소에 따른 비용이 세금보다 적다면 배출을 줄이는 방법을 선택하게끔 유인할 것이다. 그 결과 낮은 비용으로 배출 감소를 달성할 수 있는 기업에서 집중적으로 오염 물질 배출이 줄어들 것인 반면 배출 감소의 비용이 매우 높은 오염 물질 배출자들은 차라리 세금을 내는 방안을 선택할 것이다. 오염 물질 배출권을 거래할 수 있도록 허용해도 비슷한 결과를 낼 수 있다. 배출권의 발급량을 규정함으로써 전체 배출 수준을 제한한 뒤 이를 거래하게 하면 결과적으로 배출권은 배출물 감축 비용이 가장 높은 기업들의 손에 들어갈 것이다. 나아가 배출세와 배출권 거래제 모두 오염 저감 기술의 혁신을 가속하는 유인을 제공하기도 한다. 왜냐하면 기업들은 자신이 여전히 배출하는 오염물에 대해서는 계속해서 일정한 비용을 지불해야 하기 때문이다. 이와 반대로 전통적인 규제 방식 아래서는 주어진 법적 요건을 채우기만 하면 기업은 오염 물질을 더 줄여야 할 어떠한 유인도 갖지 않는다.

지난 20년 사이에 배출권 거래와 환경세가 성공적으로 적용된 사례들이 나타났다. 예를 들어 미국의 산성비 프로그램Acid Rain Program은 발전소들 간에 배출권 거래제를 시행해 전통적인 배출 규제 접근법을 이용했을 때보다 훨씬 빠르게 아황산가스 배출을 줄일 수 있었다. 많은 나라가 제품 포장과 폐기물 처리에 세금을 부과함으로써 불필요한 포장을 줄이고 더 많은 재활용을 자극하고 있다. 나아가 자동차 및 자동차 연료에 대한 세제가 개편되어 오염 물질을 덜 배출하는 연료(무연 휘발유, 저유황 디젤 등)의 사용을 자극하고 연료 효율이 높은 자동차를 개발할 유인을 제공하기도 했다.

이러한 방향으로 나아가는 데 있어 조세 정책의 역할은 어디까지일까? 세금과 배출권 거래가 환경 개선을 위한 유인을 강화하는 데 쓰일 수 있는 두 가지 주요 영역이 있다. 지구적 수준의 온실 가스 배출을 줄이고 재앙적인 기후 변화의 위험에서 벗어나기 위해 가구와 기업의 행위에 광범위한 변화가 일어나도록 자극하려면 화석 연료 에너지에 더 높은 세금을 물려야 한다. 다른 한편 교통 혼잡에 대한 체계적인 과세—'교통혼잡세'—는 도심 교통 혼잡이라는 난처한 문제를 다룰 가능성을 제공한다. 이 둘은 결과적으로 상당한 세수를 거두어들일 잠재력도 가지고 있다. 다만 혼잡세의 경우 현재 많은 유럽 나라에서 시행 중인 고율의 자동차연료세의 정당성을 훼손할 수 있다는 점이 고려되어야 한다.

6장 조세 정책의 이슈들

이 책을 시작할 때 우리는 지난 50년 사이에 조세 수입이 크게 팽창했음을 보았다. OECD 경제권 전체를 놓고 보면 조세 수입은 실질 가치로 따질 때 네 배 이상 증가했는데, 이는 경제 성장에 따라 세수가 증가해서기도 하지만 사회보장기여금의 증대와 부가가치세의 도입 등의 결과로 세금이 더 늘어난 덕분이기도 하다. 이와 동시에 계속된 무역 자유화 때문에 국제 교역에서 나오는 세금 수입은 줄어들었다. 다가오는 미래에는 어떤 변화들이 벌어질까?

미래의 조세 정책을 형성할 가장 강력한 힘은 경제 활동의 세계화가 아닐까 한다. 이는 각국 경제의 상호 연결성이 증가하고 조세 정책을 포함한 각국의 경제 정책이 국제 경제적 경쟁의 압력으로 점차 더 상호 제약할 것임을 의미한다. 타국의 정책 선택이 자국의 국내 조세 정책 범위를 심각하게 제한하리라는 것이다.

세계화는 과세 기반을 한층 더 유동적으로 만들고 있다. 자본과 투자, 재화·서비스의 생산, 고용까지도 국제적으로 더 자유롭게 이동할 수 있고, 어디에 투자하고 어디서 생산할지에 대한 결정들이 조세의 영향을 점점 더 많이 받게 된다. 이렇게 이동성이 증가한 결과 각국은 실질적 의미의 재정 주권을 상당 정도 잃을 수 있다(아니 이미 잃었다). 이동성이 높은 자본 등의 과세 기반에 다른 나라보다 높은 세율을 적용하고자 하는 나라는 유동적인 활동들이 해외로 옮겨 감에 따라 그러한 과세 기반 자체를 잃어버리고 말 것이다. 자본 시장같이 국제적 통합도가 높은 시장에서 일국 정부는 다른 곳에서 지배적인 세율과 다른 세율을 설정할 힘을 거의 가지고 있지 않다. 그렇게 했다가는 많은 자본이 그 나라를 빠져나갈 것이고, 이는 투자자가 거둘 수 있는 세후 순 이익률이 다른 곳에서의 세후 순 이익률과 같아질 때까지 계속될 것이다. 이런 식으로 해서 [정책의 자율성이 떨어지는] 소국에서는 이미 법인세로 걷혔던 세 부담의 상당 부분이 자본으로부터 미숙련 노동같이 그보다 덜 유동적인 과세 기반으로 이동했다고 여겨진다.

다른 곳보다 더 재분배적인 조세 체계를 구축하고자 하는 나라들은 그러한 재분배로 손해를 보는 이들이 다른 나라로 옮겨 가고 이득을 보는 이들만 남는 상황에 직면할 수 있다.* 회의론자들은 이 과정에서 재분배적 공공 정책과 복지국가의 종말을 보기도 한다. 이런 태도가 국제 경쟁이 재분배 정책에 가하는 제약의 심각성을 과장하는 것일 수도 있다. 하지만 한 나라의 재정 정책상의 선택 범위가 경쟁의 압력으로 점차 제약되고 있는 것은 사실이다. 재분배 성격이 강한 정책들은 고도로 숙

---

* 최근 배우 제라르 드파르디외를 포함한 프랑스 유명인들이 무거운 세금을 피해 이웃 벨기에 등으로 이주한 일이 화제가 되었다.

련된 노동과 자본의 해외 유출이라는 커다란 비용을 수반할 것이며, 이는 재분배 비용의 증가를 의미한다.

세계화된 경제에서 상품, 기업, 사람의 이동성 증대가 조세 정책에 가하는 압력은 인터넷의 영향으로 가중될 수 있다. 인터넷은 이미 경제의 몇몇 부문을 재편하고 있으며, 대체로 물적 재화의 거래를 상정하고 설계된 조세 체계에 새로운 어려움을 야기하고 있다. 인터넷에 기반을 둔 유통업체들은 판매에 따른 세금 및 이윤에 따른 법인세 모두의 측면에서 가장 호의적인 조세 체계를 제공하는 나라에서 세금을 낼 기회를 능숙하게 활용하고 있다. 인터넷 기반 기업들이 판매와 이윤에 부과되는 세금을 줄이고자 사용하는 기회 중 일부는 인터넷을 염두에 두지 않고서 입안된 법률에 내재된 허점이 노출된 것이기도 한데, 이런 허점들은 대부분 시간이 지나면서 메워질 것이다. 이렇게 일부의 우려와 달리 인터넷이 조세 제도에 총체적인 재앙을 가져오지는 않을지도 모른다. 그러나 세계화의 결과 이동성 확보 비용이 낮아지는 동시에 보다 호의적으로 과세하는 장소로 이동시킬 수 있는 활동의 범위도 확대되고 있는 것은 분명한 사실이다. 그리하여 세계화가 각국의 재정 제도에 미치는 충격도 커지고 있다.

보통 경쟁은 효율성을 높이고 소비자 가격을 낮추는 경향이 있다. 이와 같은 기업들 간의 경제적 경쟁과 달리 나라 간의 재정적 경쟁은 결코 이로운 과정이 아니다. 특히 조세 도피처는 다른 나라들의 세율보다 낮은 조세 환경을 제공하는 자신의 능력을 한껏 활용하는데, 이곳들은 더 높은 효율성이나 어떤 적극적인 이점을 내놓는 것이 아니라 그저 다른 나라들에서 부과하는 세금을 비껴갈 기회를 납세자들에게 제공할 뿐이다. 이와 같이 다른 나라의 조세 기반을 가로채기 위해 경쟁하는 나라들은 타국의 조세 수입 확보 비용을 증가시키고 사용 가능한 조세 정책의 범위를 제한함으로써 그 나라들에 값비싼 부담을 얹어 놓는다.

세계화의 또 다른 측면은 초국적으로 활동하는 대규모 다국적 기업의 중요성과 힘이 커진다는 것이다. 다국적 기업들은 여러 나라에 위치한 자회사들끼리 내부적으로 거래할 때 적용되는 가격—'이전 가격'—을 조작할 수 있고, 그럼으로써 세금을 가장 덜 낼 수 있는 나라로 이윤의 상당 부분을 이동시킬 수 있다. 부품이나 지적 재산—특허나 상표권 같은—의 사용에 대해 한 자회사가 그룹의 다른 자회사에 물어야 하는 가격을 높이거나 이 자회사가 그룹 내에서 판매하는 가격을 낮춤으로써 이윤을 세금이 무거운 나라 바깥으로 이동시킬 수 있는 것이다. 이를 억제하기 위해 OECD는 '팔 길이' 원칙'arm's length' principle*을 채택했는데, 완전히 독립적인

* 팔 길이 원칙이란 어떤 거래에서 이해관계의 밀착도가 상이한 당사자들을 동등하게, 즉 고르게 일정한 거리를 두고 취급해야 한다는 원칙을 일컫는다.

기업들 간의 유사한 거래에 적용될 법한 가격을 반영한 기준에 따라 그룹 내의 거래 가격을 설정하도록 기업들을 강제하는 것이 그 골자다. 그러나 이 원칙을 적용하는 데는 많은 어려움이 따른다. 준거점으로 쓸 만한, 각각의 내부 거래에 직접적으로 부합하는 제3자 거래가 없을 가능성이 크기 때문이다. 이것은 이윤의 상당 비중을 브랜드 이미지나 기타 자신만의 특수한 이점으로 벌어들이는 다국적 기업 특유의 문제다. 덕분에 이들 기업은 저세율국이나 조세 도피처로 이윤을 이동시킬 상당한 가능성을 지닌다. 최소한으로 말해 이전 가격을 활용할 영역이 존재한다는 것은 자신이 받는 조세 처분에 기업이 도전할 상당한 여지를 제공한다는 것이다. 이때 과세 당국은 자신의 조세 수입을 보존하기 위한 법적 다툼에 자원을 쓸지 말지를 결정해야 한다.

역설적이게도 조세 주권을 회복할 수 있는 한 가지 방법은 국제적 조정과 협력이다. 세율을 끊임없이 바닥으로 떨어뜨리는 조세 경쟁의 가능성을 제한하는 일반 원칙에 여러 나라가 집단적으로 합의할 수만 있다면, 국제적 이동성 증대에 따른 과세 기반의 잠식 없이도 모든 나라가 세수를 늘리는 이득을 누릴 수 있을 것이다. 이동성이 높은—그리고 아마도 거의 틀림없이 부유한—경제 주체들이 과세를 피할 수 있는 조세 제도, 그리하여 빠져나갈 수 없는 이들의 어깨 위에 세 부담이 얹히는 조세 제도에 형평성이란 있을 수 없다. 또한 무제한적인 국제적 조세 경쟁이 과세 기반의 일부를 침식하도록 허용하는 조세 제도에는 그 어떤 효율성도 없다. 조세 경쟁의 여지와 국제적 조세 도피처의 작동을 제한하는 것—여기에 대한 합의를 어떻게 만들어 갈지에 대한 어렵고 지난한 국제적 논의는 다가오는 미래에도 여전히 조세 정책의 한 가지 중요한 특징일 것이다.

그림 목록

용어 설명

거래세Turnover tax —— 기업의 총매출액(최종 소비자와 다른 기업 모두에게 행해진 매출)에 매겨지는 세금.

과세 기반Tax base —— 세금 부과의 대상이 되는 금액이나 수량. [예컨대 암암리에 행해지던 차량 공유 비즈니스가 정부에 의해 하나의 사업으로 공인되면 거기서 발생하는 소득에 세금이 매겨질 것이다. 이 경우 '과세 기반이 확대되었다'라고 말할 수 있다. 한편 모든 소득에 세금이 붙는 것은 아니다. 총소득에 다양한 항목의 공제가 이루어진 뒤에 남는 소득에 세율이 적용되며, 그러한 소득이야말로 진정한 과세 기반이다. 이러한 맥락에서는 특별히 그것을 '과세 표준'이라는 기술적 용어로 부르지만, 실질적으로 의미상의 차이는 없다.]

귀착Incidence —— 납세의 부담을 최종적으로 지는 곳.

급여세Payroll tax —— 기업이 지급한 임금 총액에 매겨지는 세금.

누진적 과세Progressive taxation —— 가난한 가구가 부유한 가구에 비해 더 낮은 비율의 소득을 세금으로 납부하는 과세 패턴.

단일 세율 소득세Flat-rate income tax —— 모든 납세자에게 단일한 세율로 부과되는 세금.

물품세Excise duty/tax —— 주류, 담배류, 자동차 연료 같은 특정 품목의 상품에 부과되는 판매세. [우리나라 현행 세제의 '개별소

비세'가 여기 해당하지만, 나라 간 세제 차이 때문에 이 책에서는
가장 일반적인 용어인 '물품세'를 표준 번역어로 삼았다. 이를테
면 한국에서 담배에 붙는 세금은 '개별소비세'지만 술에는 '주세'
가 붙는다.]

법인세Corporation tax —— 법인 기업의 이윤에 대한 세금.

법인소득세Corporate income tax —— 법인세 항목을 보시오.

부가가치세Value-added tax, VAT —— 기업의 매출액에 붙는 세
금. 기업은 자신의 판매로 인해 납부해야 할 세액에서 자신이
재화와 서비스를 구매할 때 지불한 세액을 상쇄할 수 있다.

사회보장기여금Social contributions —— 실업·질병보험, 공적 연
금, 의료 보장 같은 사회적 보험 혜택에 자금을 댈 목적으로 부
과되는 세금. 보통 소득이나 급여에 매겨진다. [명목상 보험 기
여금의 형태를 띠지만 사실상 세금이나 마찬가지라 이 책에서도
때때로 '사회보장세'라고 표현되곤 한다.]

(소매)판매세Retail sales tax —— 기업 소매 매출의 총가치에 붙
는 세금(즉 개인 소비자에게 이루어진 판매에 붙는 세금). [이 책
에서 '판매세'와 '소비세'는 같은 의미로 쓰인다. 원문에서 둘을 맥
락에 따라 번갈아 가며 쓰고 있는데, 번역은 대체로 원문을 따랐
다. 어차피 판매와 소비는 동일한 과정의 양 측면이다. '일반판매
세'는 보통 부가가치세의 형태를 취한다.]

순응 비용Compliance cost —— 과세 당국과 상호작용하는 과정
에서 납세자가 치러야 하는 비용. 소득 신고서 작성 및 세금 납
부와 관련된 시간과 기타 비용이 포함된다.

역진적 과세Regressive taxation —— 가난한 가구가 부유한 가구
에 비해 더 높은 비율의 소득을 세금으로 납부하는 과세 패턴.

왜곡 효과Distortionary effects —— 세금의 존재로 인해 개인 및
기업 납세자의 행위가 변경되는 것. 예를 들어 어떤 품목에 대
한 세율 인상은 사람들로 하여금 그 품목을 덜 사고 세금이 없
었더라면 구매를 고려하지 않았을 다른 품목을 선택하게 만들

수 있다.

이전 가격Transfer pricing —— 같은 다국적 기업에 속한 지점들 간의 거래에 적용되는 가격. 실제보다 더 높거나 낮게 이전 가격을 책정함으로써 기업은 서로 다른 나라에 위치한 자회사들 간에 이윤을 이동시킬 수 있으며, 이를 통해 이윤을 세금이 덜 매겨지는 나라로 몰아줄 수 있다.

인두세Poll tax —— 납세자 1인당 동일한 액수로 매겨지는 세금.

정액세Lump-sum tax —— 개별 납세자의 특성이나 행위 유형과 무관하게 정해진 액수의 형태를 띠는 세금. [이러한 성격 때문에 정액세는 경제 주체들의 행위에 영향을 미치지 않아 '중립세'라고 부르기도 한다.]

조세 순응Tax compliance —— 내야 할 모든 세금을 조금도 탈세하지 않고 납부하는 것.

조세 회피Tax avoidance —— 적법한 수단(여기에는 인위적으로 꾸며 낸 장치도 포함된다)을 통해 자신이 내야 할 세액을 줄이고자 납세자가 취하는 조치.

초과 부담Excess burden —— 일정한 세금 수입을 걷는 데 따르는 경제적 총비용. 초과 부담에는 조세의 왜곡 효과의 경제적 가치, 곧 조세 부과로 인한 행위 변경에서 야기되는 납세자의 생활 수준 저하분이 포함된다.

탈세Tax evasion —— 보통 소득 또는 기타 과세 대상 거래를 숨기거나 과소 보고함으로써 내야 할 세금의 일부를 내지 않는 행위.

평균 세율Average rate of tax —— 과세 표준액에 대한 백분율로 나타낸 총납부 세액. 예를 들어 소득세의 경우 납세자가 납부한 총소득세액을 그의 과세 대상 소득으로 나눈 값.

한계 세율Marginal rate of tax —— 과세 기반이 한 단위 증가할 때 발생하는 추가적 세금. 소득세의 경우 한계 세율이란 추가적인 소득 1파운드 또는 1달러에 붙는 추가적인 소득세를 의미한다.

효율성Efficiency —— 조세경제학에서 효율성이란 최소한의 비용으로, 즉 최소한의 초과 부담을 지고 세수를 거두어들이는 것을 의미한다.

더 읽을 만한 글

일반적으로 참고할 글

Institute for Fiscal Studies, *Tax by Design: The Mirrlees Review* (OUP, 2011). [『조세 설계』, 한국조세재정연구원 옮김, 시그마프레스, 2015.]

Paul Johnson, "Tax without design: recent developments in UK Tax Policy", *Fiscal Studies*, 35 (2014): 243~273.

J. A. Kay and M. A. King, *The British Tax System* (OUP, 1978).

Bernard Salanié, *The Economics of Taxation* (MIT Press, 2003).

3장 누가 조세 부담을 지는가

Wiji Arulampalam, Michael P. Devereux, and Giorgia Maffini, "The direct incidence of corporate income tax on wages", *European Economic Review*, 56 (2012): 1038~1054.

Alan J. Auerbach, "Who bears the corporate tax? A review of what we know", *Tax Policy and the Economy*, 20 (2006): 1~40.

Timothy J. Besley and Harvey S. Rosen, "Sales tax and prices: an empirical analysis", *National Tax Journal*, 52 (1999): 157~178.

Jonathan Gruber, "The incidence of payroll taxation: evidence from Chile", *Journal of Labor Economics*, 15 (1997): 72~101.

4장 조세와 경제

Christopher Heady, "Optimal taxation as a guide to tax policy",
in Michael P. Devereux (ed.), *The Economics of Tax Policy*
(OUP, 1996).

Costas Meghir and David Phillips, "Labour supply and taxes",
in J. Mirrlees, S. Adam, T. Besley, R. Blundell, S. Bond, R.
Chote, M. Gammie, P. Johnson, G. Myles, and J. Poterba (eds.),
Dimensions of Tax Design: The Mirrlees Review (OUP, 2010).

OECD (Organisation for Economic Co-operation and
Development), *Taxation and Employment*, *OECD* Tax Policy
Studies No.21 (OECD, 2011).

Joel Slemrod and Jon Bakija, *Taxing Ourselves: A Citizen's Guide
to the Great Debate Over Tax Reform* (MIT Press, 1996).

5장 탈세와 조세 집행

James Andreoni, Brian Erard, and Jonathan Feinstein, "Tax
compliance", *Journal of Economic Literature*, XXXVI (1998):
818~860.

Frank Cowell, *Cheating the Government: The Economics of
Evasion* (MIT Press, 1990).

Michael Keen and Stephen Smith, "VAT fraud and evasion: what
do we know and what can be done?", *National Tax Journal*, 59
(2006): 861~887.

Henrik J. Kleven, Martin B. Knudsen, Claus T. Kreiner, Søren
Pedersen, and Emmanuel Saez, "Unwilling or unable to
cheat? Evidence from a randomised tax audit experiment in
Denmark", NBER Working Paper No.15769 (2010).

Mike O'Doherty, "Thinking and learning in the tax evasion
game", *Fiscal Studies*, 35 (2014): 297~339.

Joel Slemrod, "Cheating ourselves: the economics of tax evasion", *Journal of Economic Perspectives*, 21 (2007): 25~48.

Michael Wenzel, "Misperceptions of social norms about tax compliance: from theory to intervention", *Journal of Economic Psychology*, 26 (2005): 862~883.

6장 조세 정책의 이슈들

Stuart Adam and James Brown, *Options for a UK "Flat Tax": Some Simple Simulations* (Institute for Fiscal Studies, August 2006).

Peter Diamond and Emmanuel Saez, "The case for a progressive tax: from basic research to policy recommendations", *Journal of Economic Perspectives*, 25 (2011): 165~190.

Clemens Fuest, Andreas Peichl, and Thilo Schaefer, "Is a flat tax feasible in a grown-up democracy of Western Europe? A simulation study for Germany", *International Tax and Public Finance*, 15 (2008): 620~636.

Anna Ivanova, Alxander Klemm, and Michael Keen, "The Russian flat tax reform", *Economic Policy*, 43 (2005): 397~444.

J. A. Jay, "The social and political context of taxation", in Donal de Butleir and Frances Ruane (eds.), *Governance and Policy In Ireland: Essays in Honour of Mirian Hederman O'Brien* (Institute of Public Administration, Dublin, 2003).

Michael Keen, Yitae Kim, and Ricardo Varsano, "The flat tax(es): principles and evidence", *International Tax and Public Finance*, 15 (2008): 712~751.

OECD (Organisation for Economic Co-operation and Development), *Choosing a Broad Base: Low Rate Approach to Taxation*, OECD Tax Policy Studies No.19 (OECD, 2010).

OECD (Organisation for Economic Co-operation and
   Development), *Fundamental Reform of Personal Income Tax*,
   OECD Tax Policy Studies No.13 (OECD, 2006).

더 읽을 만한 글

옮긴이 후기

가히 세금의 '전성시대'다. 나라 안팎에서 요즘엔 세금을 빼놓고 정부 정책, 특히 경제 분야 정책을 논하는 게 거의 불가능한 지경이다. 2007~2008년 위기 이후 세계 경제의 불황이 장기화하면서 모두들 정부만 바라보고 있다. 침체된 경기를 살리기 위해 정부가 보다 적극적인 재정 활동을 해야 하며 그러기 위해서는 세금도 더 걷어야 한다고 주장하는 사람들이 있는가 하면, 반대편 사람들은 진정으로 경기를 살리고자 한다면 정부는 세제를 포함한 각종 규제를 완화해 민간 주체들이 보다 활발하게 움직일 수 있는 여건을 만들어 줘야 한다고 버틴다. 어쨌든 세금이 문제다.

세금을 둘러싼 논쟁은 우리나라에서도 각별하다. 여기엔 크게 두 가지 배경이 있는 것 같다. 첫째, 우리나라가 빠른 속도로 '선진국'으로 발돋움했기 때문이다. 지난 60년 동안 경제 규모가 빠르게 커지는 사이에 경제와 사회 각 부문이 골고루 발전하지는 못했다. 이를테면 정부의 역할이 양적으로든 질적으로든 아직은 많이 모자

라다. 이를 단적으로 보여 주는 게 국민부담률이라는 지표다. 국민부담률이란 한 나라의 국내총생산GDP에 대비한 세금과 각종 사회보장기여금의 크기를 백분율로 나타낸 수치다. 정부는 이런 명목으로 걷은 돈을 이용해 각종 재정 활동을 하고 의료나 연금 등 사회보험 제도를 운용한다. 예컨대 현재 덴마크, 스웨덴, 프랑스 같은 나라들의 국민부담률은 45% 안팎에 이른다. 한 해에 생산되는 부가가치의 절반 가까이가 어떤 식으로든 정부의 손을 거쳐 국민들 간에 재분배된다는 뜻이다. 이것이 굉장히 높은 수치라는 걸 부정할 순 없지만, OECD에 속한 나라들의 국민부담률을 단순 평균해도 35% 정도는 된다. 이에 비해 우리나라의 국민부담률은 26~27% 선이니 선진국 평균에 약 8~9%포인트 모자라는 셈이다. 그럼 세금을 더 걷어야 하는가? 사실 꼭 그렇진 않다. 선진국에도 여러 유형이 있기 때문이다. 대표적으로 미국은 국민부담률이 우리와 크게 차이 나지 않는다. 어떤 경로를 택할 것인가? 진지하고도 심도 있는 논의가 필요한 대목이며, 그런 논의가 제대로 되려면 먼저 세금이 뭔지를 좀 알아야 한다.

최근 들어 우리나라에서 세금이 화두로 부각되고 있는 둘째 이유는 불평등이다. 불평등을 바라보는 시각은 정치적 입장에 따라 다를 수 있다. 교정해야 할 것으로 보는 사람이 있는가 하면, 경제의 효율적인 발전을 위해서는 불평등이 오히려 필요하다고 주장하는 목소리

옮긴이 후기

도 심심치 않게 들린다. 어느 쪽에 서든 현재 우리나라의 불평등 수준이 다른 선진국들에 비해 높은 편이라는 사실은 부정하기 어렵다. 아무래도 이 문제를 적극적으로 제기하는 쪽은 좌파다. 이들은 정부가 부자들에게서 세금을 더 걷어 재분배에 사용해야 한다고 주장한다. 물론 이들 내부에도 상당한 입장 차가 존재한다. 선진국과 같은 복지 제도를 점진적으로 늘려 나가야 한다는 생각이 대세를 이루고 있지만, 어떤 이들은 과감하게 세제 개혁을 단행해 지금보다 200조 원 정도를 더 걷어 매달 정액의 '기본소득'을 전 국민에게 지급해야 한다고 주장하기도 한다. 참고로 여기서 200조 원이란 우리나라 국내총생산의 10%로서, 당장 이 액수를 세금으로 더 걷으면 우리나라의 국민부담률은 단숨에 OECD 평균 수준에 이르게 된다. 과연 갑자기 이렇게 많은 세금을 걷어도 될까? 이게 가능하다고 해도 그것이 혹시 경제 전체에 나쁜 영향을 미치지는 않을까? 이들과 정반대의 정치적 입장을 가진 이들은 오히려 세금을 줄여야 한다고 하는데, 그런 주장은 (얼마나) 타당한가? 이런 질문들은 오늘 우리 사회에서 아주 중요한 논쟁들을 촉발시키고 있다. 그런 논쟁을 이해하고 나아가 거기서 일정한 '견해'를 가지려면 먼저 우리는 세금이 뭔지를 알아야 하는 것이다.

* * *

세금과 관련해 최근 제기되고 있는 질문들을 다시 곱씹어 보자. 현재 우리나라 국민부담률 26%는 적절한가? 현재 10%인 부가가치세율을 올려야 하나 말아야 하나? 프랑스 경제학자 토마 피케티는 불평등의 심화를 멈추기 위해 소득세율을 80% 선까지 올리는 동시에 한 나라가 아닌 세계 차원에서 강한 누진성을 갖는 재산세제를 시행해야 한다고 주장한다. 이것이 타당한가? 사실 이런 질문에 '정답'이란 있을 수 없다. 사람들은 '견해'를 가질 수 있을 따름이다. 그러나 우선 세금이 뭔지를 알아야 '견해'라는 것을 가질 것이 아닌가? 물론 그러한 지식 없이도 일정한 견해를 갖는 거야 얼마든 가능하다. 그러나 그런 견해란 얼마나 취약하겠는가? 지금 독자들이 손에 쥐고 있는 책이 최적의 국민부담률이나 최적의 부가가치세 수준이 무엇인지를 알려 주지는 못할 것이다. 그러나 이 책은 여러분이 그런 문제에 대해 나름의 견해를 만들어 가는 데 유용한 지식을 담고 있다.

돌이켜 보면 우리는 학교에서 차분히 세금에 대해 배운 적이 없다. 나만 해도 초·중·고 정규 교육 과정에서 세금에 대해 배워 본 기억이 거의 없다. 대학에서는 경제학을 전공했지만, 당시 전공 과목 중에서 세금을 다루는 과목은 '재정학' 정도가 사실상 유일했다. 재정학은 수강하지 않아도 졸업이 가능한 '선택' 과목이었다. 대학원에 와서도 세금에 대해 연구하는 이를 거의 보지 못했다. 믿기 어려운가? 하지만 당시엔 그런 현실에 전혀

옮긴이 후기

문제를 느끼지 못했다. 대학 시절 내내 세금과 관련된 진지한 대화를 동료들과 나눠 본 기억도 거의 없다. 세금은 별도의 논의가 필요한 무엇이 아니었던 셈이다.

그렇다고 우리나라 사람들이 세금에 관심이 없는 건 아니다. 개인에게 세금은 소득의 감소분으로 다가온다. 그러니 개인이 세금에 무관심하기란 쉽지 않다. 국가가 아무런 대가 없이 '떼어 가는' 돈, 내 월급 명세서에 적혀는 있지만 내 은행 계좌로 들어오지는 않는 돈, 부모에게서 재산을 물려받을 때, 자동차나 주택을 구매할 때 영문도 모른 채 내야 하는 돈이 세금이다. 개인 입장에서 세금은 적으면 적을수록 좋다. 더구나 개인이 어떻게 행동하느냐에 따라 세금은 늘거나 준다. 이를테면 우리나라에선 신용카드로 소비할 경우 소비액의 일부를 소득에서 공제해 소득세를 줄여 준다(소득공제). 이런 제도 아래서는 시금치 한 단이라도 카드 안 받는 길거리 좌판에서 사면 '합리적인' 행동이 못 된다. 아낄 수 있는 세금을 내는 사람은 무능력자로 통하며 세금 아끼는 '능력'을 갖추려 사람들은 책을 찾기도 한다. 자, 지금 당장 컴퓨터나 스마트폰으로 온라인 서점에 접속해 검색창에 '세금'을 입력해 보라. 적게는 500권에서 많게는 800권 넘는 책이 검색될 것이다. 결코 적은 수가 아니다. 이제 찬찬히 제목들을 살펴보라. 어떤가? 세금 아끼는 '비법'을 담았다고 주장하는 책이 주종을 이루고 있음을 금세 발견할 수 있을 것이다.

개인에겐 이런 책들도 중요하다. 그러나 거기에서는 최근 부쩍 자주 벌어지고 있는 세금을 둘러싼 사회적 논의들, 그러니까 현재 우리나라 조세 수준은 적절한가, 조세를 수단으로 삼아 불평등 같은 문제에 대응하는 것은 바람직한가, 부가가치세를 높이는 것은 저소득층에게 해로운가, 재산에 대한 과세를 강화하는 게 타당한가 등의 문제에 답하는 데 필요한 지식이나 통찰을 얻기는 쉽지 않을 것이다. 분량은 적지만 지금 독자들이 들고 있는 이 책은 사람들이 좀처럼 관심을 갖지 않아 잘 알려지지는 않았으나 오늘 우리가 사는 사회에서 세금이 갖는 의의를 이해하는 데 반드시 고려해야 할 세금의 여러 면모를 적절히 다루고 있다.

* * *

나는 2010년대 초반에 국회에서 일한 적이 있다. 내가 세금에 본격적으로 관심을 갖게 된 것도 이때다. 당시 나는 조세·재정, 거시경제·화폐 등을 포함한 경제 영역 전반을 다루는 기획재정위원회에 속한 한 국회의원실에서 정부 활동을 감시하고 법안을 만드는 일을 했다. 당연히 세금과 관련된 법이나 정책을 다루는 것도 업무의 중요한 일부였다. 문제는 당시 내겐 실무에서 요구되는 전문적인 세법 지식이 충분치 않았다는 거였다. 뿐만 아니라 세금(전체 조세 제도 및 개별 세목 모두)이 국민

경제 전체에서 갖는 의의도 나는 충분히 명확하게 인식하지 못하고 있었다.

그런데 주변을 둘러보니 이는 나 혼자만의 어려움이 아니었다. 모두들 '문제'는 느끼고 있었지만 마땅한 '해법'은 찾지 못하는 듯이 보였다. 그나마 나는 국회에서 일하기 전에 나름 전문적으로 경제학 연구를 했던 터라 국내외의 다양한 자료를 찾아보는 데 익숙한 편이었지만 국회의 모든 직원이 똑같이 그렇게 할 수는 없는 노릇이었다. 물론 그럴 필요도 없다. 이들도 이럴진대 보통 시민들은 어떻겠는가? 이때부터 나는 '평범한 시민이 한 사회에서 세금의 의미를 알고 싶을 때 쉽게 볼 만한 책이 참 드물구나'라는 생각을 심각하게 하기 시작했다. 세금을 둘러싼 다양한 사회적 논의들이 제자리만 맴도는 것도 그런 사정과 무관하지는 않으리라. 이런 문제의식을 가지고 있던 중에 스티븐 스미스 교수의 『세금이란 무엇인가』*Taxation: A Very Short Introduction*를 만났다. 이 책은 옥스퍼드대학출판부의 '아주 짤막한 소개' 시리즈 중 한 권으로, 지은이 스미스 교수는 조세경제학 분야에서 손꼽히는 전문가다. 부담스럽지 않은 분량 안에 전문성과 대중성을 적절히 배합한 이 책이 우리나라에서도 세금에 관한 꽤 괜찮은 '시민 교양서'가 될 수 있겠다는 생각에 번역을 결정했다. 지금 독자들이 들고 있는 것이 그 결과물이다.

원전 자체가 길지 않아 번역도 금방 마치리라 생각했

지만 오산이었다. 몇몇 기본 용어의 경우엔 우리말 번역어조차 확립되어 있지 않다는 걸 발견하기도 했는데, 이를 통해 세금을 둘러싼 우리 사회의 논의가 얼마나 피상적인 수준에 머물고 있는지를 새삼 절감했다. 시시콜콜 밝히기 어려운 여러 개인적인 사정도 출간을 지체시킨 한 가지 이유였다. 그 시간 동안 묵묵히 지켜봐 준 나의 벗 리시올 출판사에 각별히 감사드린다. 또한 이 책이 독자들의 손에 닿기까지 수고해 주신 모든 분께 감사와 존경의 인사를 드린다.

◇ 이 책과 함께 읽으면 좋을 책 ◇

—— 세금에 대한 기본적인 지식을 담은 책

1 국세청 세정홍보과,『2019 생활세금 시리즈』, 국세청, 2019.
2 국회예산정책처 경제분석실 세제분석과,『2017 조세의 이해와 쟁점』, 국회예산정책처, 2017.
3 김낙회,『세금의 모든 것』, 21세기북스, 2019.
4 문점식,『역사 속 세금 이야기: 인권, 전쟁 그리고 세금』, 세경사, 2018.
5 이준구·조명환,『재정학』(5판), 문우사, 2016.

우리 일상에 필요한 세금 상식이나 국내외의 관련 통계를 찾아보고 싶다면 1과 2를 보면 된다. 이 둘은 모두 인터넷에서 무료로 접근 가능하다. 3과 4는 알고 있으면 유익한 세금의 다양한 면모를 쉽게 풀어내고 있으며, 5는 대학에서 쓰이는 표준 교과서로 이 책의 내용을 보다 자세히 다룬다.

—— 세금과 관련된 여러 쟁점을 다루는 책

6   장제우, 『장제우의 세금 수업』, 사이드웨이, 2020.

7   박지웅·구재이·김재진, 『세금, 알아야 바꾼다』, 메디치미디어, 2018.

8   토마 피케티, 『21세기 자본』, 장경덕 옮김, 글항아리, 2014.

9   김공회 외, 『왜 우리는 더 불평등해지는가: 피케티가 말하지 않았거나 말하지 못한 것들』, 바다출판사, 2014.

10 시가 사쿠라, 『조세 피난처: 달아나는 세금』, 김효진 옮김, AK커뮤니케이션즈, 2018.

11 Institute for Fiscal Studies(IFS), 『조세 설계』, 한국조세재정연구원 옮김, 시그마프레스, 2015.

6과 7은 세금과 관련해 오늘 한국 사회가 직면해 있는 다양한 문제를 현실감 있고 명쾌하게 다룬다. 8은 20세기 경제적 불평등의 (심화 및 완화) 원인을 조세 제도의 변화에서 찾는 저작으로, 출간 즉시 세계적 베스트셀러가 되어 이후 관련 논의의 '준거점' 역할을 해 왔다. 9는 보다 '급진적인' 관점에서 8에 대한 비판을 담고 있으며, 10은 8의 논의를 보완하는 성격을 갖는다. 11은 이 책에서도 종종 인용된 저작으로, 2010년쯤을 기준으로 영국 조세 제도의 특징과 문제점을 검토하면서 향후 개선 방향을 제시하고 있어 오늘 우리에게도 좋은 시사점을 준다.

찾아보기

찾아보기

찾아보기

세금이란 무엇인가
민주 시민이 알아야 할 세금의 기초

1판 1쇄 2020년 6월 10일 펴냄
1판 2쇄 2021년 11월 20일 펴냄

지은이 스티븐 스미스. 옮긴이 김공회. 펴
낸곳 리시올. 펴낸이 김효진. 제작 상지사.

리시올. 출판등록 2016년 10월 4일 제2016-
000050호. 주소 서울시 마포구 희우정로
16길 39-6, 401호. 전화 02-6085-1604. 팩
스 02-6455-1604. 이메일 luciole.book@
gmail.com.

ISBN 979-11-90292-04-7 03320

이 번역을 수행하는 과정에서 옮긴이는 정
부(교육부)의 재원으로 한국연구재단의 지
원을 받았음. (NRF-2018S1A3A2075204)